国土资源部公益性行业科研专项（编号：201211050）资助

中部粮食主产区土地资源数量-质量-生态监测方法及应用

李保莲　田群杰　焦俊党 等　著

科学出版社

北京

内 容 简 介

本书立足于提升中部粮食主产区粮食安全保障能力和加快推进中原经济区"三化"协调发展，以满足土地管理从数量到数量-质量-生态"三位一体"管理转变需求为主要目的，在典型区新郑市土地资源数量-质量-生态监测与持续利用野外科研基地建设的基础上，构建中部粮食主产区土地资源数量-质量-生态监测指标体系，建立土地资源数量-质量-生态综合数据库，进行土地资源的中观尺度（县域）及微观尺度（样点）数量-质量-生态变化综合监测分析研究，集成土地资源数量-质量-生态综合监测及持续利用的关键技术体系，并对可持续利用对策进行分析。

本书可供地理学、农学、土壤学、资源环境学、土地利用与规划等有关领域的科学研究、教学及生产实践等人员参考使用。

图书在版编目 (CIP) 数据

中部粮食主产区土地资源数量-质量-生态监测方法及应用/李保莲等著.
—北京：科学出版社，2020.3
ISBN 978-7-03-064582-1

Ⅰ. ①中… Ⅱ. ①李… Ⅲ. ①粮食产区–土地资源–资源管理–中国
Ⅳ. ①F323.211

中国版本图书馆 CIP 数据核字(2020)第 034934 号

责任编辑：丁传标　白　丹 / 责任校对：樊雅琼
责任印制：吴兆东 / 封面设计：图阅盛世

科 学 出 版 社 出版
北京东黄城根北街 16 号
邮政编码：100717
http://www.sciencep.com
北京虎彩文化传播有限公司 印刷
科学出版社发行　各地新华书店经销
*
2020 年 3 月第 一 版　开本：B5 (720×1000)
2020 年 3 月第一次印刷　印张：10 1/4
字数：220 000
定价：139.00 元
(如有印装质量问题，我社负责调换)

《中部粮食主产区土地资源数量-质量-生态监测方法及应用》

作 者 名 单

李保莲　田群杰　焦俊党　蔡太义　吴荣涛

马守臣　张合兵　王新闯　李华超　王　兵

臧　玲　吴丰贤　张秋玲　宛津宇　于俊杰

前　言

本书主要介绍了中部粮食主产区土地资源数量-质量-生态监测与持续利用野外科技基地建设、中部粮食主产区土地资源数量-质量-生态监测指标体系构建与应用、中部粮食主产区土地资源数量-质量-生态综合数据库构建、中部粮食主产区土地资源的中观尺度（县域及乡镇）及微观尺度（样点）数量-质量-生态变化综合监测分析几个方面的内容。

全书共分为 9 章，第 1 章主要介绍了新时期土地资源管理研究的进展情况；第 2 章重点介绍中部粮食主产区野外科研基地建设情况；第 3 章和第 4 章主要介绍了中部粮食主产区土地资源综合监测的指标体系和技术方法；第 5 章主要对中部粮食主产区典型区域土地资源综合监测结果进行分析；第 6 章对中部粮食主产区土地资源数量-质量-生态状况进行了评价，介绍了新郑市土地生态文明建设情况；第 7 章针对中部粮食主产区新郑市土地资源数量-质量-生态状况提出了可持续利用对策；第 8 章介绍了研究的主要结论及创新点；第 9 章主要分析了研究的综合效益与应用前景。

本书是集体智慧的结晶，参与人员包括河南省国土资源调查规划院的李保莲、田群杰、吴荣涛、焦俊党、臧玲、王兵、李华超、吴丰贤、张秋玲、于俊杰，河南理工大学的蔡太义、马守臣、张合兵、王新闯，以及周口市自然资源和规划局的兖津宇。李保莲、田群杰负责全书的总体设计、组织、审校和定稿工作。第 1 章和第 2 章由李保莲、蔡太义、马守臣完成；第 3 章和第 4 章由吴荣涛、焦俊党完成；第 5 章由王新闯、李华超完成；第 6 章由焦俊党、张合兵完成；第 7 章~第 9 章由李保莲、田群杰、焦俊党完成；臧玲、王兵、吴丰贤、张秋玲、于俊杰、兖津宇等同志参与了本书的修订和整理工作，在此一并表示衷心的感谢。

由于作者水平有限，书中难免存在不足和疏漏之处，敬请读者批评指正。

李保莲

2018 年 12 月 31 日于郑州

目　　录

第 1 章　新时期土地资源管理研究进展

1.1　研　究　背　景

《全国新增 1000 亿斤粮食生产能力规划（2009—2020 年）》明确指出："2007 年，13 个粮食主产省（区）粮食产量占全国比重为 75%，比 1980 年增加 6 个百分点，位居全国前 100 名的产粮大县粮食产量之和占全国粮食总产量的 21%。根据产能分配原则，全国共新增粮食生产能力 1000 亿斤（1 斤=500g），其中，核心区新增粮食产能 742 亿斤，占新增产能的 74.2%。"同时明确指出："加强耕地质量监测区域站建设，形成布局合理、功能完备的耕地质量监测网络，提高耕地质量监测能力。"

河南作为中部粮食主产区的主体，是全国 13 个粮食主产区和国家粮食战略工程核心区之一（截至 2015 年，河南粮食产量实现"十二连增"，连续 10 年超千亿斤，粮食总产量占全国的十分之一强，其中小麦产量占全国的四分之一强），按照《国家粮食战略工程河南核心区建设规划纲要》，到 2020 年，河南省粮食生产能力要达到 1300 亿斤，比 2010 年净增 200 亿斤。因此，河南省耕地保护地位特殊，保障国家粮食安全责任重大。但是，河南省城镇化、工业化水平低于全国水平，正处于加快建设中原经济区的关键时期，在加快工业化、城镇化、农业现代化（"三化"）进程中，要在全国率先走出一条不以牺牲农业和粮食、生态和环境为代价的"三化"协调科学发展新路子，这就必须要协调优化城乡建设用地与粮食生产空间及其规模，破解保障发展与保护耕地难题，为"三化"协调发展提供支撑。同时，河南省土地利用过程中存在建设用地利用率不高、建设用地与耕地布局不合理、建设占用耕地比重较大、补充耕地质量不高等诸多问题，需要进一步加强对建设用地与耕地的规模、空间的协调利用和管理。

新郑市位于河南省中部，地处 34°16′~34°39′N，113°30′~113°54′E，地势西高东低，中部高，南北低。山、丘、岗和平原兼有。境内地貌多样，分为平原水肥区、丘陵旱作区和沙岗间洼区 3 个不同生态类型区，素有"河南缩影"之称。因此，新郑市土地资源利用问题在河南省具有典型的代表性。主要表现为：一是新郑市耕地保护形势严峻，建设用地供需矛盾突出；二是矿产资源供需矛盾日益凸显，开发利用难度提高；三是资源开发利用与环境保护矛盾日益突出，保护和改善生态环境的任务更加艰巨；四是管护技术手段落后，信息化水平低，难以准确、快速、及时、有效地管护土地资源。因此，无论是从保障国家粮食安全大局考虑，还是从自身发展和解决耕地资源数量-质量-生态综合管护出发，迫切需要从技术支撑层面研究如何破解中部粮食主产区发展的难题，具体来讲，需要从以下两方面进行技术研究与集成：①针对土地资源数量、质量、生态一体化监测与管护问题，以及不同类型区域的特点，构建具有典型性和针对性的国家级土地资源数量-质量-生态监测与持续利用野外科研基地，开展土地资源数量-质量-生态监测与持续利用关键技术的实验、应用、示范与推广，展现土地资源产、学、研、用相结合。②研究高精度、实时性的土地资源数量-质量-生态一体化监测技术体系，是对原有的土地利用监测技术体系的重要补充和技术创新，可以为地方土地部门的土地资源监测业务提供有力的科学支撑。

综上，本书基于河南土地利用基础资料，应用"3S"技术，结合样点样地实地调查，以农用地分等、定级、估价为基础，开展中部粮食主产区耕地资源数量-质量-生态综合监测。通过项目实施，旨在促进中部粮食主产区土地资源领域产、学、研、用相结合，培养地方土地科技队伍，推进土地科学技术集成与创新发展，为实现耕地资源数量-质量-生态并重管理、全面推进中原经济区"三化"协调发展、提高粮食安全保障水平等提供科技支撑。

1.2 国内外土地资源管理研究内容最新进展

1.2.1 中国土地资源管理研究内容进展

中国人多地少，耕地质量总体偏低，实行世界上最严格的耕地保护制度，但长期以来我国主要基于粮食安全，更多注重对耕地数量的保护。随着近年来工业化、城镇化、农业现代化（"三化"）的快速推进，人们的生活水平逐步提高，对食品质量提出了更高的要求，同时"三化"推进过程中也出现了一些水污染、土壤污染、食品安全事件，引起了人们对土地质量，尤其是耕地质量的关注。目前，耕地保护制度从重数量向数量、质量兼顾转变。

与落实最严格耕地保护制度的要求相适应，中国土地管理法律法规和政策一直在不断创新发展和完善中。以1998年修订的《中华人民共和国土地管理法》、2004年出台的《国务院关于深化改革严格土地管理的决定》（国发〔2004〕28号）、2006年下发的《国务院关于加强土地调控有关问题的通知》（国发〔2006〕31号）、2010年下发的《国务院关于严格规范城乡建设用地增减挂钩试点切实做好农村土地整治工作的通知》（国发〔2010〕47号）为主要标志，耕地保护制度不断完善，耕地保护内涵不断丰富，耕地保护工作由数量管理向数量-质量-生态"三位一体"

管理转变。

1. 耕地占补平衡的数量-质量双平衡

占补平衡制度是耕地保护的核心制度之一，为避免耕地"占优补劣"，越来越强调耕地占补数量、质量双平衡。《中华人民共和国土地管理法》第三十一条规定，非农业建设经批准占用耕地的，按照"占多少，垦多少"的原则，由占用耕地的单位负责开垦与所占用耕地的数量和质量相当的耕地。第三十三条规定，省、自治区、直辖市人民政府应当严格执行土地利用总体规划和土地利用年度计划，采取措施，确保本行政区域内耕地总量不减少；耕地总量减少的，由国务院责令在规定期限内组织开垦与所减少耕地的数量与质量相当的耕地，并由国务院土地行政主管部门会同农业行政主管部门验收。《国务院关于深化改革严格土地管理的决定》（国发〔2004〕28 号）规定，各类非农建设经批准占用耕地的，建设单位必须补充数量、质量相当的耕地，补充耕地的数量、质量实行按等级折算，防止占多补少、占优补劣。2005 年《国务院办公厅关于印发〈省级政府耕地保护责任目标考核办法〉的通知》在考核耕地保有量的基础上，增加了基本农田保护面积、补充耕地的面积与质量两个考核标准，把补充耕地质量作为 3 项考核内容之一。

2. 土地整治从重增加耕地数量向数量-质量-生态并重转变

十多年来，从土地整理到土地整治，不仅有概念上的变更，其内涵和外延也发生了深刻的变化。1999 年实施的《中华人民共和国土地管理法》提出"国家鼓励土地整理"，2001 年国土资源部会同有关部门组织编制了《全国土地开发整理规划（2001—2010 年）》，2015 年国务院正式批复《全国土地整治规划（2011—2015 年）》。第一轮规划主要强调新增耕地数量，提高耕地产能［2001 年以来共新增耕地 4142 万亩（1 亩≈666.7 m²），新增粮食产能 130 多亿斤］。《全国土地整治规划（2016—2020 年）》首要目标是建设旱涝保收高标准基本农田 4 亿亩，经整治的基本农田质量平均提高 1 个等级，粮食亩产增加 100 公斤以上，次要目标才是补充耕地 2400 万亩。从过去重增加耕地数量，向增加耕地数量、提高耕地质量、改善生态环境并重转变，由相对孤立、分散的重土地开发向集中连片的综合整治转变。

3. 农用地分等定级和土地质量地球化学调查摸清了耕地质量

古今中外各级政府都高度重视农用地评价工作，早期的农用地评价是为制定税赋服务的。20 世纪末期，为摸清资源家底，农用地分等定级工作被纳入国土资源部重点工作。2003 年正式颁布了《农用地分等规程》《农用地定级规程》《农用地估价规程》等 3 个行业标准。2008 年底全面完成了 31 个省（自治区、直辖市）

的农用地分等定级估价工作，建立了全国统一可比的 1：50 万农用地分等国家级汇总数据库。至此，全国农用地等级调查与评定工作全面完成，摸清了耕地质量等级与分布状况。土地质量地球化学调查已完成调查面积 165 万 km^2，查明了主要农业产区的土地质量、异常分布、有害状况等，获得了土壤中包括镉、汞、铅等重金属在内的 54 项元素指标含量水平及其分布特征，查明了调查区土壤肥力质量和环境质量状况，系统评价了重金属异常来源及其生态危害，为实现耕地数量、质量并重管理奠定了坚实的基础。2010 年底，《国务院关于严格规范城乡建设用地增减挂钩试点切实做好农村土地整治工作的通知》（国发〔2010〕47 号）明确提出要按照耕地分等定级技术规范和标准，进行土地整治新增耕地质量评定和验收。这一要求不仅统一了新增耕地质量评定技术方法，也使土地整治新增耕地质量验收有了量化标准，是补充耕地质量验收的重要依据。这一系列工作部署为耕地数量、质量生态综合管理提供了较好的基础条件。

1.2.2 国外土地资源管理研究内容进展

在全球持续性工业化和城市化过程中，人类对土地进行掠夺性和高强度的开发，宜耕土地资源日益枯竭，土壤肥力不断衰减，化学污染日益严重，粮食安全和生态环境安全受到威胁。耕地管理从注重增加耕地面积、增加粮食产量，向耕地的生态系统性保护转变。

1. 强调耕地多功能性，耕地保护政策体现多目标

耕地具有生产功能和生态、美学等其他非生产性功能。国际经验表明，随着经济发展和人们生活水平的提高，人们对耕地非生产功能的需求快速提高，耕地的生态功能越来越受重视。从 20 世纪中后期开始，英国、美国、荷兰等国家的耕地保护政策出现一种趋势，强调耕地的多功能性，将耕地保护的政策放在多目标中统筹考虑。例如，把耕地保护放在经济发展、就业、住房平衡、交通便利的一揽子政策中，改变以往旨在保护某些具体资源（农田、湿地、稀有和濒危物种栖息地等）的政策做法，赢得了广泛的支持。美国耕地政策是围绕生态环境保护制定的涉及水、土、生物等多种自然资源的一系列政策，是一种融数量、质量与生态管护于一体的农地管护模式。所以保护的重点不仅包括高质量的农田，还包括环境敏感地、易受侵蚀的土地，并且鼓励休耕、退耕，通过税收、贷款等多用方式刺激农地所有者将那些易发生水土流失或者具有其他生态敏感性的耕地转为草地或者林地。在英国环境部 1987 年颁布的第 16 号通知中，就提出了对农用地转为建设用地主要考虑的是农地的环境价值而非农作物的生产能力。

2. 重视耕地质量建设，助推生态农业发展

随着人们生活水平的提高，绿色有机食品备受青睐，发达国家不惜以降低农产品产量为代价提倡环保型农业，以降低生产过程对耕地质量造成的损害。日本政府于 1992 年提出发展环境保全型农业，并把它作为农业政策的新目标，为此十分注重耕地质量和生态环境管理。严格限制、定期监测耕地中化肥、农药和生长剂等化学物质的摄入量，防止土壤污染。对受污染土地采取生物、工程措施进行彻底治理，倡导通过植物、动物的自然规律进行农业生产，使农业和环境协调发展。2000 年专门设计了"生态农户"标志，从政策、贷款、税收上给予支持，提高生态农户的经济效益和社会地位。"生态农户"的数量由 2000 年的 12 户增加到现在的大约 20 万户。德国从 1992 年开始，按照欧盟要求，联邦、州各级政府部门均要求在农用地中实施生态性用地建设，2000 年生态农业企业占农业总数的 3%，用地占农业用地的 3.2%，目前德国生态农业用地占全国农业可利用地的比例约为 20%。

3. 重视耕地生态要素，土地整理体现生态系统性

土地整理作为耕地保护的重要手段之一，其整理理念与目标的变化呈现出对耕地生态要素的重视。19 世纪以前，德国农业政策及土地整理的目标是提高农业产量，这在当时为了歉收年也能充分保证迅速增长的人口的粮食需求是必要的。从 1979 年开始，农业生产开始过剩，人均 GDP 已达到 10000 美元，城市化率达82.6%。土地整理从短期、单纯的地块合并、调整，以增加产量为主要目标，发展到着眼于整个区域内永久的生态环境保护和农村的全面协调发展。德意志联邦共和国土地整理局与当地的自然保护主管机关、农业局、水利局等合作，提出了土地整理过程中要兼顾自然保护、景观保持和生态环境等方面的基本原则和要求。另外，土地整理更注重生态因素。首先要重视保持生物多样性。例如，可以将道路布置在灌木丛的旁边，也可以调整未来农田耕作的方向，以避免山丘和田埂对耕作的影响。其次是保护农用地生态价值。在干旱或潮湿地带，有价值的成片物种与农用地划归不同的土地所有者，直接将现有的河流和水域作为土地分界线，以使岸边生长的植物不受损害并得到保持。将农田周围的道路或水渠旁边的树木与保留下来的灌木丛或沿岸植物结合起来，作为生物群落的组成部分，以保护农田的生态价值。

4. 重视耕地质量监测网络建设

动态、准确地掌握耕地质量状况是有效保护耕地的重要前提。早在 1843 年英

国就建立了洛桑实验站，实现对土壤肥力和肥效的长期观测。随后，世界其他国家纷纷建立长期土壤生态环境定位农业试验站，如美国的 Sanborn 试验田、日本的 Konosu 中央农业试验站等，这些试验站（田）已持续观测 60 年以上。随着资源与环境问题日益成为人们关注的焦点，一批国家、区域范围和全球性的长期生态环境监测研究网络，如国际地圈生物圈计划（IGBP）、美国的"长期生态学研究网络"（LTER）、英国的"环境变化研究网络"（ECN）、东南亚的"农业生态系统网络"（SUAN）相继出现，为监测耕地资源质量变化、生态环境限制及预测未来生态变化趋势提供了可能。自 2000 年以来，美国国家环境保护局建立起一套自然资源定期清查制度，规定每年清查一次，并编制国家资源清单予以发布。美国还采用网格法建立了覆盖全美 50 个州、84.4 万个调查点的耕地侵蚀监测网络，定期公布有关成果，为适时掌握全国耕地资源变化提供了调查数据支持。

1.3　土地资源监测技术研究进展

针对土地资源数量、质量、生态状况指标，本书集成融合卫星遥感、布点采样、实验测定、农户/野外调查、空间采样统计分析、定点观测等方法与技术手段，进行土地资源数量-质量-生态信息监测关键技术体系集成研究，对于微观尺度的布点采样、实验测定、问卷调查等常规技术均采用现有相关技术规范中规定的技术，其相关研究进展不再赘述。土地资源数量-质量-生态监测技术研究进展主要针对宏观尺度基于遥感的指标获取技术进行介绍。

1.3.1　基于遥感的土地利用变化监测研究

随着社会人口和经济的快速发展，环境污染和生态破坏问题日益突出。土地利用和土地覆被变化是全球变化的重要组成部分和主要原因，因此，土地利用和土地覆被动态被认为是研究环境变化的关键。而遥感以其快速、准确、周期短等特点在土地利用变化监测中具有传统方法所无法比拟的优势，目前已经得到了非常广泛的应用。

近几年来，运用遥感技术进行土地利用动态监测已取得大量研究成果，Prakash 和 Gupta（1998）通过波段间运算等算法进行遥感信息探测，从多时相的 TM 影像中提取印度 Jharia 煤矿区土地利用信息。Antwi 等（2008）利用 GIS 技术，通过多种土地利用指标和景观格局指标分析了德国卢萨蒂亚典型煤炭采空区对土地利用变化及生物多样性的影响。Sharma 等（2001）采用遥感监测的方法评估采煤对矿区植被覆盖的影像。Lamb（2000）采用光学遥感（TM）和雷达遥感（LiDAR）对矿区开采引发的生态环境变化进行动态监测。刘静玉等（2005）基于 RS 和 GIS 技术对豫西山地典型区域 1987~1999 年土地利用变化进行动态监测研究。何春阳等（2001）利用 1975~1997 年 4 期 MSS/TM 遥感数据，对改革开放以来北京土地利用动态变化进行了研究。崔伟宏等（2004）研究了基于特征的时空数据模型在土地利用变化动态监测中的应用。术洪磊和毛赞猷（1997）从遥感影像处理"地理数据"专家知识一体化的角度出发，使用基于知识的方法进行了土地利用/覆盖的研究，改善了分类精度。

目前，基于遥感的土地利用变化监测技术和方法已比较成熟，但由于遥感数据分辨率及遥感数据的局限性，目前还存在监测精度不高的问题，需要综合多源数据和多种遥感分类方法，进一步提高监测的精度。

1.3.2　基于高分辨率遥感影像的城市建筑密度和容积率提取研究

城市建筑密度是街区内所有建筑物占地面积之和与街区面积之比；城市容积率是建筑物总建筑面积与所占用地面积的比例，其值无量纲。建筑密度和容积率分别作为城市土地利用的形态控制指标和综合性控制指标，两者之间具有密切的关系，通常来说，在建筑高度不变的情况下，建筑密度越大，容积率越高。

城市建筑容积率的确定首先需要测算建筑总面积和该建筑物的占地面积。对绝大部分建筑物来说，只要知道每层楼的面积及该建筑物的总楼层数，就可以求出其建筑总面积。建筑占地面积和建筑物平面面积均可在实地、航片或遥感影像上量测，然后根据比例尺转换成实地面积。

根据归纳，计算容积率的方法主要有 3 类：①直接调查法，即人工实地调查，该方法需要耗费大量的人力、物力，只适合小范围区域测算，而且数据更新周期长，不能满足当代城市迅速发展的需要；②高差法和投影法，即利用建筑物高度等于建筑物顶部与底部的高差这一规律来计算建筑物容积率，这一方法主要应用于航空测量，对数据的要求比较高；③阴影长度法，即利用卫星影像上建筑物阴影的长度反演建筑物的高度，再估算建筑物容积率，该方法可以完全弥补直接调查法的缺点。由于阴影长度量算比较困难，韩雪培等（2005）提出的阴影面积法对于实现整个城市区域城市建筑容积率反演具有较好的效果与现实性。

上述 3 种方法中，发展较成熟且使用较多的是阴影长度法。Irvin 和 Mckeown（1989）研究了航空像片中的建筑物和它们的阴影之间的关系。Cheng 和 Thiel（1995）利用 SPOT 全色图象中建筑物的阴影信息估算了 42 幢建筑物的高度。Hartl 和 Cheng（1995）利用 SPOT 影像对 77 幢建筑物高度进行了估算。李锦业等（2007）

利用 QuickBird 高分辨率卫星影像，估算了重庆市渝中区的建筑密度和容积率，准确率为 88.3%。但目前该方面的研究还处于初步研究阶段，大范围的应用较少，而且精度有待提高。

1.3.3　植被覆盖度遥感监测研究

植被覆盖度一般被定义为观测区域内植被垂直投影面积占地表面积的百分比，是刻画地表植被覆盖的一个重要参数，也是指示生态环境变化的重要指标之一。在模拟地表植被蒸腾、土壤水分蒸发及植被光合作用等过程时，植被覆盖度是一个重要的控制因子（罗亚等，2005）。植被覆盖也是控制土壤侵蚀的关键因素，已有观测试验和研究显示，在其他条件一定时，侵蚀量与植被覆盖度具有显著的负相关关系。

传统的地表实测法获取的是点上的植被覆盖度，有目估法、正方形视点框架法、阴影法、点测法、网格法、空间定量计法、移动光量计法和照相法等。然而，植被覆盖具有明显的时空变异特性，地表实测获取的是点上的数据，很难在较大的空间尺度上进行动态测量（罗亚等，2005）。

遥感监测是获取区域植被覆盖度的重要手段，越来越多的研究机构和人员开始借用遥感技术进行有关地面特征等方面的研究。由于传感器的空间分辨率、光谱分辨率和时相特征各不相同，遥感影像能够显示不同空间尺度上的植被覆盖信息及其变化趋势，快捷方便，已经成为估算区域植被覆盖度的主要技术手段。

植被覆盖度遥感估算方法主要有经验模型法（Purevdopj et al.，1998）、植被指数法、像元分解模型法（李晓琴等，2003）、FCD 模型法（马超飞等，2001）、决策树分类法（Hansen et al.，2002）、神经网络法（Boyd et al.，2002）。

经验模型法是基于对卫星同步观测数据统计方法的应用分析，受观测时间、观测地点、观测时大气状况和土壤状况的影响显著。因此应用起来有很大的局限性，不易在其他地区直接被推广应用，但其对于局部区域的植被覆盖度估算具有较高的精度。

植被指数法不需要建立回归模型，所用的植被指数一般都通过验证，且与植被覆盖度具有良好的相关关系。对地表实测数据依赖较小，可以推广到大范围地区，其相对于经验模型法更具有普遍意义，但这种方法在局部区域对植被覆盖度的估算精度可能会低于经验模型法。

像元分解模型法是目前我们较为常用的植被覆盖度估算方法，由于其不依赖于实测数据，所以应用起来比较方便。但是对于我们再熟悉不过的经典的植被光谱特征——对红光波段吸收而对近红外波段强反射，有人已经产生了质疑，所以基于该光谱理论所求得的植被指数能反映植被覆盖状况这一看法也就遭到了质疑。因此基于植被指数的像元分解模型法也面临着新的挑战。

FCD 模型法对遥感影像的阴影、土壤背景等都有很好的削弱作用，能够表明植被的生长现象，同时也能够用来监测植被的动态变化。但是由于该模型需要计算除植被指数以外的裸土指数和阴影指数等，计算比较麻烦，对光谱数据的要求也比较多，因此目前应用较少。

决策树分类法和神经网络法要求有较多的样本数据，其在没有假定的情况下可以分析复杂的数据，能很大程度上容忍数据的噪声，较容易地整合多元数据，因此在未来的植被覆盖度估算中显示了很好的应用前景。

1.3.4 植被生物量遥感估测研究

生物量是特定时间内群落现有的活有机体（一般指植物体）的干物质总量。生物量的估算对于监测全球变化，尤其是碳循环方面及人类活动对生态系统的影响具有重要的意义。

生物学上用来测量植被生物量的一般方法是实地测量法，主要基于航片和地形图，需要耗费大量的人力、物力进行林地调查，这样导致整个工作耗时长、费用高，不具备在大的时间和空间尺度上操作的可能，而利用遥感手段估算植被生物量，主要基于卫星影像，相比较而言，其成本低，时间分辨率高。遥感技术，尤其是影像光谱被认为是制作大区域生物量分布图的最合适的工具。因此，研究利用遥感手段估算植被生物量意义深远。

生物量的遥感估测多利用红波段和近红外波段的组合，即植被指数和叶面积指数及植被覆盖度等的关系，推断出植被指数与生物量之间的关系进而求得生物量，这种方法快速、便捷。国内外学者分别就基于光学遥感、微波遥感和激光雷达数据的森林生物量估算进行了大量的卓有成效的研究（娄雪婷等，2011；王立海和邢艳秋，2008；徐天蜀等，2007；朱华忠，2006），取得了不少有意义的研究成果。光学遥感数据能直接反映森林的某些参数，如冠层覆盖度、郁闭度、叶面积指数，而森林的这些参数又与森林生物量相关，所以许多研究对直接或间接的遥感光谱信息及其组合（如波段灰度值、辐射率、反射率或植被指数），以及图像纹理和森林生物量的关系进行研究。由于数据限制及时间范围和分析目的的不同，不同空间分辨率的光学遥感数据广泛应用于森林生物量的估算。在较小区域尺度上，大多研究都是基于 SPOT、Landsat TM、ETM+、QuickBird 等中、高空间分辨率遥感数据，在这些研究中，建立了森林生物量与反射率、植被指数或图像纹理参数的多种关系模型。于德永等（2005）利用 TM 遥感数据，结合样地实测数据，估算我国东北露水河林区的东升林场的森林生物量的时空变化，所建生物量估算模型修正 R^2 值达到了 0.761，相对均方根误差为 27%；Sarker 和 Nichol（2011）以生物量密度跨度较大的亚热带森林为研究区，基于空间分辨率为 10m 的 ALOS AVNIR-2 数据研究了波段光谱反射率和各个光谱之间比值、植被指数、多种纹理测度和纹理测度比值等信息与森林生物量的关系，研究表明利用较高分辨率的 ALOS AVNIR-2 数据的纹理测度可显著提高森林生物量的估算模型精度，模型修正 R^2 值最高可达 0.88。

对于国家尺度、洲际尺度，甚至全球尺度范围内的森林生物量进行估算，多采用低空间分辨率遥感数据（如 1km、8km）进行，但估算结果可靠性较低。例如，Tan 等（2007）利用 NOAA /AVHRR 8km 分辨率的归一化植被指数（NDVI）数据估算了东北地区（包括内蒙古东四盟市）森林植被生物量及其空间分布，模型 R^2 值为 0.56，在空间分布上存在较大误差。王新闻等（2011）利用 SPOT-VGT、中国植被分布数据和生物量实测样地数据及森林清查统计数据生成了东北三省 1km 分辨率的森林生物量分布图，估算了东北三省的森林生物量，虽然在省级和县级尺度上用该方法获取的生物量总量与其他方法获取的结果具有一定可比性，但是在更小尺度上用该方法获取的森林生物量空间分布与利用 TM 遥感数据结合样地实测数据反演方法得到的空间分布存在较大差异。可见，对于基于低空间分辨率遥感数据的大范围森林生物量估算还需探索提高估算精度的方法。

在耕地作物反映作物长势的因子之一——生物量监测方面，多年以来，国内外许多学者利用不同遥感数据源和遥感方式对作物生物量进行了监测，并取得了一定进展。早在 20 世纪 80 年代，多时相的 Landsat MSS 数据和 NOAA 数据就被用于作物生长状况评价和作物长势监测。Tappan 等（1991）利用植被指数对作物生长状况进行评价，进而实现了灾荒预警。江东等（2002）对 NDVI 曲线与农作物长势的时序互动规律进行了研究。吴炳方（2004）建成"全球农情遥感速报系统"，其中作物长势监测是重要的子系统之一。

总的来说，采用较高空间分辨率光学遥感数据并选择合适的遥感参数可以提高植被生物量的估算精度。但由于光学遥感数据本身存在的只能获取植被冠层表面信息而较难获取垂直结构信息的弱点，当植被生物量或郁闭度较高时，遥感信息参数可能表现为在生物量相对较低时就达到饱和，对森林生物量估算会出现较大误差。

1.3.5 林网和渠网遥感提取研究

从遥感影像上看地球上的物体，从其分布特征来看，其主要表现为三种形式：

点状地物、线状地物和面状地物。林网和渠网都属于线状地物。遥感影像解译中，除了利用地物的光谱特征以外，还要利用地物的形状特征和空间关系特征，因此需要提取影像的其他特征。随着计算机技术的发展，利用计算机从遥感数字影像中自动提取有用信息，是人们多年来的愿望。目前特征提取已经成为非常活跃的研究领域。从 20 世纪 80 年代开始，国内外进行了很多关于这方面的研究。李晓峰（1990）提出了一种多级识别方法，对线段检测中的阈值、线段的联结和取舍等方法进行了探讨，使市郊线状地物的正确识别率接近室内目视判读的水平。线状地物面积的量算是土地利用调查中的重要内容，但是至今仍然停留在理论研究阶段，没有一套功能完善的系统能实现此愿望。

在诸多研究中，线状地物特征的提取主要集中在航空影像上的道路特征的提取。其中自动识别遥感影像上的目标、快速准确地获取所需信息是遥感数据处理的主要发展方向。胡翔云等（2002）利用基于微分几何的方法对遥感影像上的线状地物进行提取。试验结果表明该方法对于具有一定宽度阈值的线状地物提取较理想，计算机能自动适应不同的影像情况，对于自适应选取阈值方面还有待进一步研究。因此有研究人员提出利用二值模板快速相关和优化方法计算得到剔除了错误匹配后的初始抛物线参数，通过自适应的模板来半自动提取线状地物。李永香和李洪玉（2004）、李燕和余旭初（2002）、秦永和宋伟东（2006）都进行了半自动或自动提取道路信息方法的研究，具有一定的适用性。曹卫彬等（2004）、潘瑜春等（2002）对线状地物面积扣除方法进行了不同程度的应用性研究。李志刚和胡圣武（2005）就建立线状缓冲区的算法进行了改进，刘秀珍（1993）也从误差理论的角度，在面积量测过程中，进行了面积量测精度与线状地物扣除方法的探讨。

随着高分辨率遥感的快速发展，其在国土资源调查、基础地理数据更新和土地整治项目监管等方面已经得到了广泛的应用。目前，针对灌排沟渠道路和农田林网等线状地物，基于遥感的提取方法主要有边缘检测法、数学形态学法及面向对象分析法等。面向对象分析法是一种适合高分辨率遥感影像的分类法，吴健生等（2012）利用面向对象分析法对研究区单一地类农田灌排沟渠进行提取并研究。目前基于遥感的林网和渠网提取还需进一步提高提取的精度和速度。

1.3.6　叶面积指数遥感监测研究进展

叶面积指数（LAI）为单位面积中所表现出的最大叶面积，是一项极其重要的植被特征参量。LAI 不但可以直接反映出多样化尺度的植物冠层中的能量、CO_2 及物质环境，还可以反映作物生长发育的特征动态和健康状况。同时 LAI 也与许多生态过程直接相关，如蒸散量、土壤水分平衡、树冠层光量的截取、地上部净初级生产力、总净初级生产力等。

　　地面实测叶面积指数的方法可分为直接测量法与间接测量法两类。直接测量法有很多，包括计算纸法、纸重法、干重法、求积仪法、长宽系数法、叶面积仪法。按不同植物种类"收割"植被样区内的叶量，再根据比叶面积（SLA）与叶生物量推算样区的叶面积指数。直接测量法虽然准确，但耗时、费力且操作复杂，只适用于小型或少量样区及矮小植被。间接测量法是指借助各种光学测定仪（如LAI-2000、DEMON、TRAC、MVI 等）来测量植物冠层间隙度并通过相应公式得到最终的植物冠层叶面积指数。与直接测量法相比，间接测量法更易行且可用于大范围及多种植被生态系统的测量，但由于该方法受到太阳光照及角度的制约，因而无法达到直接测量的精准度。

　　实地测量只能获得小地块的 LAI，对于大范围的 LAI，早在 20 世纪 80 年代初就开始用遥感数据来提取。同时大量研究还证明，LAI 的地面可测量性可有效用于遥感提取 LAI 结果的验证。Gower 等（1999）利用作物冠层对光谱的反射特征推导出基于垂直植被指数 PVI 估算 LAI 的理论模式，并应用水稻观测数据加以验证；Asrar 等（1984）利用由 Landsat TM 图像得到的归一化植被指数 NDVI 提取小麦的叶面积指数；惠凤鸣等（2003）的研究表明由 ETM 原始影像、相应的视反射率影像和大气纠正后的地面反射率影像计算出的 NDVI 与地面实测的 LAI 之间具有良好的线性相关关系；Chen 等（1999）分别建立了晚春和仲夏时期的 TM NDVI 和比值植被指数 SR 与 LAI 的关系，得到比值植被指数的相关系数较高，另外由于晚春期植被没有完全郁闭，在该时期利用植被指数估计 LAI 比仲夏期的效果好；Myneni 等（1997）也曾利用 AVHRR PathFinder 数据开发了基于归一化植被指数的算法，以提取草场、作物和森林的叶面积指数。还有一些研究认为植被指数与叶面积指数呈非线性关系，Turner 等（1999）通过多个样地的结果比较了不同 TM 植被指数提取的 LAI 与实测 LAI 之间的关系，并相应地建立了三阶回归关系，经过大气纠正的 NDVI 的相关系数可达 0.74。

　　目前在不同尺度上基于遥感的 LAR 估算中，存在着植被指数饱和、估算精度不高等问题。

1.3.7　光合有效辐射和光合有效辐射比率遥感监测研究

　　光合有效辐射（photo-synthetically active radiation，PAR）是指波长范围为 400~700 nm，能为植被进行光合作用的那部分太阳辐射。PAR 是形成生物量的基本能源，控制着陆地生物有效光合作用的速度，直接影响到植被的生长、发育、产量与质量；同时，PAR 也是重要的气候资源，影响着地表与大气环境的物质、能量交换。因此，PAR 的估算，在定量估算光合作用方面，有助于探索绿色植被的起源、生物利用太阳能的机理等重大理论问题，有助于提高全球生态系统的碳估算精度，维护国家利益，也直接关系到农业产量的形成，是进一步提高产量的依据，这对全球大气 CO_2 浓度升高、全球变暖、粮食安全等全球环境和人类生存问题的研究及解决有重要的实际应用价值。Montheith 在早期的研究中提出了著名的 Montheith 公式，认为在非胁迫条件下，净初级生产力（net primary production，NPP）与植被吸收的光合有效辐射呈明显的线性关系。在众多的生态过程模型、作物生产模型中，植被净初级生产量是 PAR 的函数，光合有效辐射是这些模型的重要数据源，并可为模型提供重要验证数据（刘荣高等，2004）。

光合有效辐射吸收比率（FPAR）是指被植被冠层绿色部分吸收的光合有效辐射（PAR）占总 PAR 的比率，是直接反映植被冠层对光能的截获、吸收能力的重要参数。FPAR 是影响大气-陆面生物圈之间能量与水分交换过程的一个关键变量，因此，FPAR 被全球气候观测系统（GCOS）及联合国粮食及农业组织（FAO）陆地生态系统确定为反映全球气候变化的关键气候参量之一。准确、定量地获取FPAR，对进行陆地生态系统过程研究、作物产量估算有着重要的意义。

众多科学研究者展开了大量的 PAR/FPAR 估算工作。估算方法分成传统的 PAR/FPAR 估算方法，以及在此基础上发展起来的遥感估算方法。传统的 PAR/FPAR 估算方法，主要是依托气象台站、通量观测站（如 FLUXNET）所获得的观测数据进行 PAR/FPAR 研究。传统的 PAR 估算方法主要有以气候学方法为代表的统计方法和基于大气辐射传输理论的参数化模型方法两种。而 FPAR 的获取则根据观测的 PAR 结合植被类型来获取。

随着遥感技术的不断发展，遥感成为获较高分辨率 PAR/FPAR 的一种可行性方法。而从遥感的反演过程中可以看到，利用遥感进行 PAR 的估算方法研究的总体思路是建立遥感反演模型，解决 PAR 从地面观测向卫星遥感测量的时空尺度转化问题，是实现生态系统模型中自上而下的遥感反演模型与自下而上的过程模型有机结合的关键步骤。早期基于 PAR 的遥感估算的主要思想延续了传统方法中的统计方法与模型参数法，随后又发展了以辐射传输模型为基础的查找表法。所以，可以把基于遥感的 PAR 估算方法分为转换系数法、模型参数法、查找表法及其他方法。基于遥感的 FPAR 估算方法主要包括以植被指数为手段的经验性统计与半机理方法和以冠层反射率模型为基础的机理估算方法，以及从植被生理上研究叶绿素含量对 FPAR 的影响等估算方法。

PAR 的遥感估算方面，Potter 等（1993）在 ISCCP C1 基础上得到了太阳总辐射，并乘以转换系数 0.5 而发布 ISCCP-P 的 PAR 产品；Pinker 和 Laszlo（1992）

在宽波段模型基础上，利用 ISCCP C1 数据获取 400~500nm、500~600nm 及 600~700nm 3 个宽波段的太阳辐照度，从而发布了第一个以月为单位的全球范围内 250 km 的 PAR 数据产品 ISCCP-PL；此外，GEWEX 以相似的估算方法发布了 1°分辨率 的 PAR 数据产品。例如，Frouin 和 Pinker（1995）利用 SeaWIFS 卫星反演全球范围内水面的 PAR 产品、MODIS 海洋研究组以 BIRD 模型为基础估算 PAR，并发布了 1 km 的 PAR 标准产品 MOD 20。Van Laake 和 Sanchez-Azofeifa（2005）对大气-地表辐射传输模型进行了简化，以 MODIS 大气产品（气溶胶 MOD04、水汽产品 MOD05、云量产品 MOD06）为模型的驱动参数估算哥斯达黎加地区 1km 分辨率的 PAR，估算结果与观测数据存在很好的一致性，所获得的 PAR 数据可以满足目前的生态模型需求。陈良富等（2007）则利用 MODIS 1B 数据进行大气气溶胶厚度、大气含水量反演，得到空间分辨率一致的模型变量，结合 BIRD 模型进行了长白山、千烟洲的 PAR 估算，并在这基础上进行了长白山、千烟洲的日净初级生产力研究。刘荣高等（2004）通过大气辐射传输模型（MODerate Resolution Atmospheric TRANsmission，MODTRAN）模拟大气可降水量与透射率、气溶胶厚度与透射率的查找表（LUT），获取 MODIS 1B 数据的光学厚度及透射率，从而建立 PAR 与 TOA 反射率、地表反射率的关系。其估算结果与气溶胶的空间分布一致，说明华北平原的 PAR 主要受到气溶胶的影响。

　　FPAR 估算方面，Wiegand 等（1991）利用统计方法对玉米的 FPAR 与 SPOT 对应的 NDVI、PVI、GVI 以及 TSAVI 进行分析，结果表明，FPAR 与 NDVI、PVI 存在非常好的相关性，其相关性均能达到 0.9 以上；Chen 等（2010）则以我国自主研发运用的 HJ-1 卫星数据，结合在山东禹城的同步地面 FPAR 观测数据，开展 FPAR 的统计模型研究，研究表明基于 HJ-1 卫星数据的 NDVI、RVI、SAVI、EVI 均可以运用于 FPAR 的估算中，其平均误差为 3.8%。Goward 和 Huemmrich（1992）通过 SAIL 模型模拟获取日均 FPAR 与 NDVI 存在很好的相关性（R^2=0.99）；Myneni 和 Williams（1994）通过三维辐射模型模拟得到 FPAR 的估算公式为

$$FPAR=1.16 \times NDVI-0.14$$

　　Myneni 等（2002）以 3D 辐射传输模型为研究手段，进行 MODIS 的 LAI/FPAR 产品预算法研究。在该算法中，把全球植被覆盖分成了六大类，根据各类植被类型特点选择合适的先验模型参数，用于冠层反射率模型的驱动及 FPAR 的求解，并以查找表的形式建立起冠层反射率与 FPAR 的关系，最后构建代价函数进行 FPAR 的反演。

　　在目前的研究过程中依然存在着一些问题，制约着 PAR 的估算与应用，也正是这种不足，成就了未来 PAR 估算方法与应用的主要发展趋势，包括模型参数所存在的不确定性、模型的简化所带来的不确定性，遥感往往获取的只是瞬时信息，

利用遥感进行 PAR 的估算得到的也只是瞬时的 PAR，但在实际应用中一般需要得到日总 PAR。目前主要利用线性或非线性方法进行插值得到总 PAR。但实际中瞬时 PAR 与总 PAR 并不是简单的线性或非线性关系，而是随着日变化、云量变化而产生变化。PAR 的准确估算还需要进一步研究。

而对于 FPAR 的估算，未来植被指数依然是 FPAR 估算的重要方法，但其重点是进一步深入地进行植被指数受植被背景、饱和现象影响的机理研究，改进与发展相应的植被指数，减少植被背景、饱和现象，以及大气影响、尺度效应等所产生的负面影响，从而提高植被指数法的应用范围；在机理方法中，由于其反演过程是一个病态过程，虽然目前在已有先验知识基础上发展了众多的数学反演算法，但在一定程度上属于以数学为支持反演方法研究，缺乏生态学意义。因此，未来应该在目前反演方法的基础上，结合生态学方法，丰富模型的先验知识，改进反演结果及意义，从而有效地推进遥感与生态学的交叉，满足不同用户的需求。FPAR 的地面观测数据缺乏，无法有效对估算模型进行校正及对估算结果进行验证。

1.3.8　城市非渗透地表、绿地、水面遥感提取研究

城市区域被沥青、混凝土、砖及石头等物质覆盖的屋顶、人行道、公路和停车场等不可透水区域统称为城市非渗透地表。

在已进行的对城市非渗透地表、绿地和水面提取的研究中，多数是在对土地利用进行功能分区的基础上进行实地调查，探讨城市不同功能区的地类信息。近年来，国外很多研究探讨利用遥感方法来提取城市相关地类信息，由于城市及城郊景观的复杂性及遥感数据在光谱和空间精度上的限制，至今利用遥感技术提取城市地类信息仍是一大挑战。

迄今，国内外对城市地类信息的遥感提取方法主要有传统解译法、指数模型法、LSMA、DTC、ANN 及面向对象分类法。其中，传统解译法精度高，需要丰富的先验知识，但受到解译效率的限制，LSMA、DTC、ANN 和面向对象分类法等半自动和自动提取方法正逐渐成为研究热点。Calson 和 Arthur（2000）利用植被覆盖度和非渗透地表之间的反比关系，将除植被以外的一切地物信息（水体已经剔除）均看作非渗透地表，有时也会将土壤、沙土和阴影误判为非渗透地表。国内学者徐涵秋（2008，2009）首次采用复合波段的形式创建了归一化差值非渗透地表指数，Ji 和 Jensen（1999）指出 V-I-S 模型能够对亚像元级的土地利用类型变化进行研究，特别是非渗透地表指数能保留详细的城镇生态信息。Wu（2004）提出的改进的归一化光谱混合分析法（NSMA）对相同地区的提取精度优于 LSMA。LSMA 始终是理想模型，忽略了光线在像元组分间的相互作用，影响整

体估算精度。然而，由于其简单、计算方便的优点，线性光谱混合模型仍是迄今为止应用范围最广的一种方法。马秀梅等（2007）采用基于数据挖掘技术的决策树方法对流域非渗透地表进行了信息提取。廖明生等（2007）在基于 CART 的非渗透地表提取方法中，引入目前广泛采用的 Boosting 技术进行集成，以期达到改善估算性能的目的。Pu 等（2008）采用 Terra/ASTER 数据对日本横滨城市地表组分丰度进行提取，结果得出的非线性 ANN 的精度要高于用非约束线性最小二乘法（LSS）得到的非线性 ANN 的精度。孙志英等（2007）尝试使用面向对象分类法，对南京市非渗透地表信息进行提取。

由于遥感影像中地类信息的复杂性，理论研究与实际应用仍存在一定差距，在影响因素分析、提取方法精度及自动化程度等方面还有待进一步研究，如影像中阴影的影响。去除阴影是中、高分辨率遥感影像解译中的一大难题，阴影会导致阴影覆盖区域的灰度值降低，给目标识别工作带来干扰。在建筑物、道路等不透水层信息提取工作中，行道树产生的阴影会直接影响解译精度，往往得不到令人满意的分类。但面向对象的遥感影像分类方法并不直接对像素进行分类，而是利用影像分割手段按一定的标准将像素聚合成代表不同类型地物的影像对象，再对其进行分类，利用像素的光谱信息及真实世界地物的形状特征及其邻近关系特征，引入模糊逻辑规则，对分类进行描述，使易混淆的地物容易提取，极大地提高影像的分类精度。

目前各种方法都是针对特定的遥感数据，分类精度不尽如人意。因此充分挖掘遥感数据和获取方法的优点，并有效结合提高城市非渗透地表提取精度也是重中之重。为了提高遥感数据的利用效率，应尽可能尝试多波段、多时相、多分辨率数据及遥感数据与非遥感数据的融合，从而更好地解决植被覆盖信息的干扰问题。

1.3.9　监测技术研究进展综合评价

由上述各个方面的研究进展综述可以看出，目前基于遥感的土地资源数量、质量、生态相关监测指标监测技术还存在诸多不足，在后续研究中还需要进一步完善。但相关技术也有相对比较成熟、可操作性比较强的成果，因此在本书应用中，结合研究区实际和研究需求，可利用相对比较成熟、可操作性比较强的成果进行指标获取。

1.4　土地资源综合监测数据库建设研究进展

数据库是为了实现一定目的，在计算机中按照特定的数据结构，组织、存储和管理相关数据的数据集合（张超超，2011）。数据库按照存储对象的不同可以分为传统数据库和空间数据库（吴信才，2009）。传统数据库存储和管理的对象为规范化的数字和文档，而空间数据库存储和管理的对象为地理空间数据。

土地资源综合监测数据库是一种空间数据库。空间数据库指的是地理信息系统在计算机物理存储介质上存储的与应用相关的地理空间数据的总和，地理空间数据包括空间数据和非空间数据（属性数据），以图形坐标的形式记录空间对象所在位置，以表格形式记录对象属性，二者之间以一定的方式关联在一起。

数据库技术是伴随计算机技术的发展而相应成长的。20世纪50年代后期到60年代中期，地理信息系统开始应用于土地管理中，GIS平台负责响应不同文件格式的空间数据库请求，同时也出现一些土地信息数据库。1964年加拿大以土地调查宗地管理为目的，开发了世界上第一个国家级的地理信息系统（CGIS），用于城市土地信息的管理。20世纪70年代，数据库技术在文本数值型数据管理方面已经成熟，但是空间数据库技术还处于初级阶段，对结构复杂、数据量庞大、具有拓扑关系的空间数据无能为力。值得指出的是，这一时期计算机内存容量大增，尤其是大容量存储设备磁盘的使用为地理空间数据的录入、存储、检索、输出提供强有力的支持。进入80年代后，关系数据库技术逐渐走向成熟，应用广泛。美国Esri公司的技术研究人员在关系数据库技术基础上提出地理空间数据管理模型——地学关系模型，并成功地开发出基于此模型的矢量GIS数据库系统。在该系统中，点、线、面等图形数据采用文件管理模式存储其拓扑结构编码，属性数据采用关系管理模式存储，并通过唯一的标识符（ID号）建立空间数据和属性数据的关联。这种文件-数据库混合管理方式是地理空间数据库系统技术发展史上第一次革命性的飞跃。至今，基于地学关系模型的地理空间数据库系统仍然被应用于大多数GIS系统中。90年代初期，人们开始考虑将空间数据和属性数据共同存入关系数据库中，典型的是应用最广泛的关系型数据库（如SQL Server、Oracle等）。到了90年代中后期，Esri公司和Oracle公司合作开发的空间数据库引擎（spatial database engine），使GIS数据库的发展出现了第二次飞跃。该技术提供了空间操作函数对复杂空间数据进行存储和处理的功能，采用大型关系数据库中的"客户机/服务器"的网络模式，实现了图形数据和属性数据在关系数据库中的一体化管理。加之网络技术的高速发展，空间数据库已实现在线共享、跨平台访问等功能，方便用户对空间信息进行访问和查询。

土地资源等具有区域性、有限性和变动性的特点。资源的区域性和有限性可以通过详细调查来掌握；而资源的变动性，特别是在开发利用过程中，对于资源数量和质量的变化及其对周围环境的影响，只有通过不间断的监测工作才能准确把握。土地资源综合监测，就是采取适当的技术手段，定期监测土地资源状况，并对监测资料和数据信息进行分析研究，及时掌握土地资源变动规律，为国家合理开发利用土地资源提供决策依据。我国已经开展的土地资源监测工作主要是对土地利用进行动态监测，土地利用动态监测以城市或开发区土地利用现状与结构、土地利用总体规划执行情况、土地开发利用集约程度、建设用地和耕地的变化情况等为主要内容；监测手段以高精度遥感影像解译为主，通过对比不同时间的遥感影像来监控土地利用的变化情况。相应地，土地利用动态监测数据库被建立。

到目前为止，许多国家都已完成基于 GIS 和网络技术的国家级土地信息数据库建设及系统建设，实现土地信息采集、更新、处理和发布数据的计算机化管理，建立了面向社会不同用户的基于网络技术的土地信息发布和服务平台，向公众提供在线土地信息服务，为各种级别的土地利用和地区经济的可持续发展提供技术支持。例如，芬兰用 Small world GIS 软件开发出了土地信息系统，将图形和属性数据存储于同一个无缝关系型数据库中，提供多用户同时更新数据库地图信息的功能，并允许用户通过网络查询访问。荷兰土地利用规划数据库采用的是一种临时性的技术解决方案，即提供 Web 环境下的基于终端仿真技术的信息查询服务。为满足用户对土地信息的需求，改进的土地信息系统于 2001 年年底就可以提供 Internet 在线服务。韩国完成制作了一系列国家级数字地图，建立了地形图和大比例尺设施管理图的电子地图数据库，主要用于 78 个重要城市的给排水、天然气、电力等公共设施的管理（Joon and Jeong，2006）。除此之外，美国、德国、澳大利亚等许多国家都实现了土地利用信息的数字化管理，利用土地信息系统和城市地理信息系统大大提高了土地信息服务的利用效益。国外科研机构和科研工作者也对空间数据库的相关技术，包括土地利用数据库更新技术、海量地理信息系统数据库的体系结构、地理数据库数据的三维可视化及时空动态模型等进行了不断的探索与研究。

土地信息数据库建设引起了越来越多的学者及决策者的关注。在建库中多以 GIS 与数据库技术居多。但目前的土地信息数据库建设中，关于土地资源综合监测的信息多注重土地数量、质量信息的组织和存储，关于土地数量、质量、生态信息一体化组织和存储的研究较少。本书基于土地资源综合监测数据库实现土地资源数量、质量和生态数据一体化管理，实现多目标、典型区域土地资源及变化信息管理与服务，为土地资源管护和土地可持续利用提供技术支撑。

综上，目前我国在土地资源监测、系统构建，以及耕地可持续利用技术方面协同攻关，取得了一系列关键技术成果，但是，国家科技攻关和科技支撑计划是以解决国民经济发展中关键科技问题为核心的国家计划，在支持部门建立技术体系和标准规范，并有效实现部门推广应用的公益性行业科研全过程方面存在困难，虽然耕地保护政策在改革和创新中不断发展，但仍然存在许多问题，有待完善，如仍存在重数量、轻质量、不谈生态的倾向；耕地质量评定一直处于弱势地位；部门之间缺少统筹，大部分为分割管理；考核机制有待完善等问题。因此应在现有土地变更调查、土地利用动态监测系统、农用地分等、土地质量地球化学评估等基础上，加强各专项调查评价的整合，建立综合动态监测系统，形成耕地质量和生态评价标准，建立相关制度，为耕地数量、质量生态综合管理提供科学依据及支撑。

第2章　中部粮食主产区野外科研基地建设

2.1　野外科研基地概述

为提高土地资源管护手段的信息化和科学化水平，满足实现土地资源数量-质量-生态并重管理的迫切需要，同时为土地科技创新创造基础条件，提高土地资源管理的科技支撑能力，国土资源部启动了公益性行业科研专项"典型区域土地资源数量-质量-生态监测及持续利用应用示范"项目（编号：201211050），该项目共分为 6 个子课题，其中"中部粮食主产区土地资源数量-质量-生态监测与持续利用野外科技基地建设"课题是其子课题之一。

河南省新郑市土地综合监测与持续利用野外科学观测研究基地（图 2-1）主要依托 3 个平台进行基地建设：中部粮食主产区土地资源野外观测实验平台（设在新郑市）、中部粮食主产区土地资源数据处理与分析平台（设在河南省国土资源调查规划院和河南理工大学）和中部粮食主产区土地资源信息服务与数据共享平台（设在河南省国土资源调查规划院）。

图 2-1　新郑市野外科学观测研究基地位置示意图

按照新郑市土壤类型和地貌特征（图 2-2），在新郑市梨河镇学田村、龙王乡小左村、薛店镇常刘社区设立 3 个土地资源野外观测区域。利用第二次全国土地调查数据、土地利用变更调查数据和高分辨率遥感影像，结合实地调查，开展土地资源监测工作。

图 2-2　新郑市土壤类型分布图

2.1.1　新郑市自然地理和社会经济状况

1. 自然条件

新郑市地处豫西山区向豫东平原的过渡地带，其西部、西南部为浅山丘陵区；中部、西北部为黄土低丘岗地区，区内沟壑纵横；东部主要为岗丘风沙区，风沙地貌发育；南部为冲积平原区。全市山区面积为 4400.11 hm²，占土地总面积的 4.96%；丘陵面积为 29520.20 hm²，占 33.29%；沙岗洼地面积为 41930.00 hm²，占 47.29%；平原面积为 12822.15 hm²，占 14.46%。在气候类型上，新郑市属于暖温带大陆性季风气候，多年平均降水量为 699.8 mm。境内水资源可利用总量为 1.96 亿 m³，其中地表水 1.18 亿 m³，地下水 0.78 亿 m³。

2. 区域地质及构造

新郑市在全国自然地理分布中处于二阶台地前沿，秦岭纬向构造东端，在河南省地质构造单元划分中，跨两个地质构造基本单元。西部属于嵩箕台隆二级构造单元，基岩裸露，构成西部山地、丘陵的地质基础；东部属于华北拗陷的通许凸起，第四系松散堆积物覆盖于基岩之上，构成东部平原的地质基础。

3. 经济社会状况

截至 2013 年新郑市人口为 62.66 万人，其中农业人口为 46.59 万人，占总人口的 74.35%；非农业人口为 16.07 万人，占总人口的 25.65%。2013 年全市完成地区生产总值 525.3 亿元，同比增长 9.8%。其中，第一、第二、第三产业增加值占地区生产总值的比重分别为 4.9%、69.3% 和 25.8%。全社会固定资产投资完成 360.8 亿元，增长了 26%。社会消费品零售额实现 165.6 亿元，增长了 14.3%。农民人均纯收入达 14510 元，城镇居民人均可支配收入达 22916 元，分别增长了 12.5% 和 12%。

新郑市自然条件丰富，区位条件优越，是河南省开发重点县（市）和加快城市化进程试点县（市），已由一个传统的农业县发展成为以工业为主的全国经济百强县（市）。但在"三化"协调发展中，新郑市土地利用结构和规模发生很大变化，土地资源质量和生态安全面临巨大挑战。将新郑市作为河南省乃至我国中部地区土地资源野外科学观测基地，开展长期定位调查与观测，获取长、中、短不同时序基础数据，为土地资源综合治理和持续利用研究提供数据支撑。

2.1.2　野外科研基地建设历程

中部粮食主产区野外科研基地采取共建模式，从前期论证到有序建设，耗时 4 年时间，最终建成。具体建设历程如下。

（1）2011 年度：基地建设论证阶段。此阶段进行基地建设规划编制，样点布设、实验场地选取，落实办公场所，配备相关观测仪器，研究人员到位工作。

（2）2012 年度：基地建设启动阶段，主要进行野外土地数据观测实验平台建设，进行实质性工作。

（3）2013 年度：基地建设推进阶段。进一步完善观测站点的布设及监测工作，继续开展土地资源数量-质量-生态监测技术研究，形成相对成熟的关键技术。

（4）2014 年度：基地建设完善阶段。以国家级土地资源数量-质量-生态监测与持续利用野外科研基地为中心，建立新郑市土地资源数量-质量-生态监测与管护服务平台，形成土地资源产、学、研、用相结合的示范样板。

2.1.3　野外科研基地建设现状

按照原国土资源部《土地资源数量、质量、生态综合监测指标体系与数据库和信息平台建设方案》的要求，已初步建成了三大运行平台：中部粮食主产区土地资源野外观测实验平台（设在新郑市），中部粮食主产区土地资源数据处理与分析平台（设在河南省国土资源调查规划院和河南理工大学）和中部粮食主产区土地资源信息服务与数据共享平台（设在河南省国土资源调查规划院），目前相关平台运行状况仍在不断完善中。

1. 中部粮食主产区土地资源野外观测实验平台建设

在新郑市专门建立了集人员办公、测试化验、资料存储于一体的野外基地办公室，同时整合已有仪器及基础装备，补充购置了野外基地调查和数据分析所必需的调查监测仪器及软件和硬件设备，为获取土地基础数据及相关技术研究与集成提供了数据和信息支撑。

遴选新郑市梨河镇的学田村、龙王乡小左村和薛店镇的常刘社区共 3 个土地资源监测区域，构建土地资源数量-质量-生态监测指标体系，开展相关资料收集和问卷调查等工作。在已有仪器条件基础上，为实现点位监测数据的长期性周期采集、实时记录和综合分析，确保数据可长期获取和客观性，购置便携式 TDR 两台，用于基地耕地表层土壤水分测定；便携式气象仪 1 套，用于基地气象数据观测与采集；自动气象站 1 台，用于定点气象数据采集与存储；便携式水质微生物测定仪 1 台，用于河流水水质监测与分析；多功能土壤养分测试仪 1 台，用于土壤、植物样品养分含量测定；便携式重金属测量仪 1 台，用于测定土壤主要重金属含量。

2. 中部粮食主产区土地资源数据处理与分析平台建设

依托河南省国土资源调查规划院，整合院下属土地利用所、土地信息所与土地信息中心等所室资源，建立数据分析与信息服务平台，负责数据的收集与相关处理工作，并与河南理工大学进行数据交换。河南理工大学主数据管理与分析平台：依托原国土资源部野外科学观测研究基地，整合河南理工大学测绘与国土信息工程学院遥感信息实验室、原国土资源部土地实地调查监测重点实验室、河南理工大学土地生态与土壤测试实验室及土地规划利用研究所等相关资源建立平台，顺利完成了野外现场数据的分析与测试工作，同时进行数据分析处理与信息共享。

3. 中部粮食主产区土地资源信息服务与数据共享平台建设

该平台设置在河南省国土资源调查规划院，按照科学数据共享服务要求与标准，由河南省国土资源调查规划院土地利用所负责建设并完成，以数据数字化建库为途径，建立数据分级分类共享服务体系，实现了与中国土地勘测规划院及相关单位的耕地基础数据的链接和数据交换。

2.2 野外科研基地基础条件建设

1. 办公设施

（1）办公设施：在新郑市专门建立了集人员办公、测试化验、资料存储于一体的 200m² 野外基地办公室，同时整合已有仪器及装备基础，新补充购置了野外基地调查和数据分析所必需的调查监测仪器及软件和硬件设备［图 2-3（a）］。

（2）办公设备：电脑笔记本两台、绘图仪 1 台、摄像机 1 台、照相机 1 台、投影仪 1 台、大型彩色复印扫描一体机（A3）1 台、高配置电脑 6 台、服务器两台、绘图软件 1 套、打印机两台等。

2. 科研仪器设备

在整合原有仪器及装备基础上，重新购置了便携式 GPS 定位仪 5 套、便携式 TDR 两台（用于基地表层土壤水分测定）、便携式气象仪 1 套（用于基地气象数据观测与采集）、多功能土壤养分测试仪两台（用于土壤、植物样品养分含量测定）等调查监测仪器、软件和硬件设备［图 2-3（b）和图 2-4］。

(a)

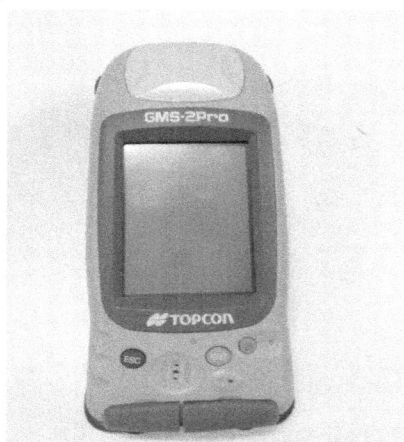

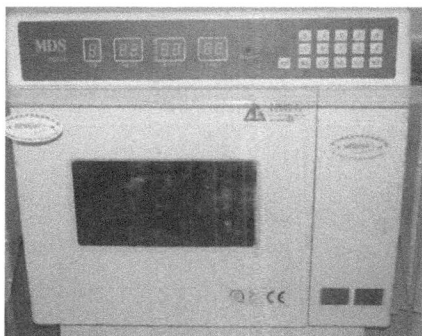

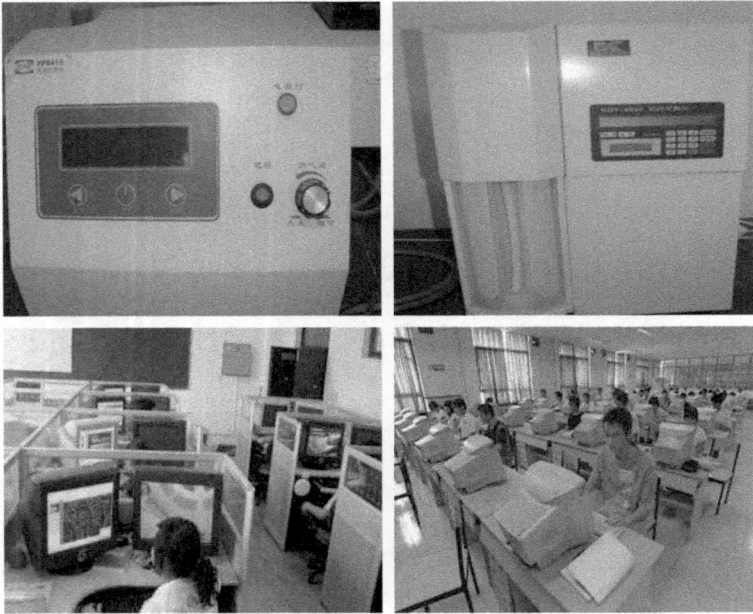

(b)

图 2-3 野外科研基地办公设施及科研设备

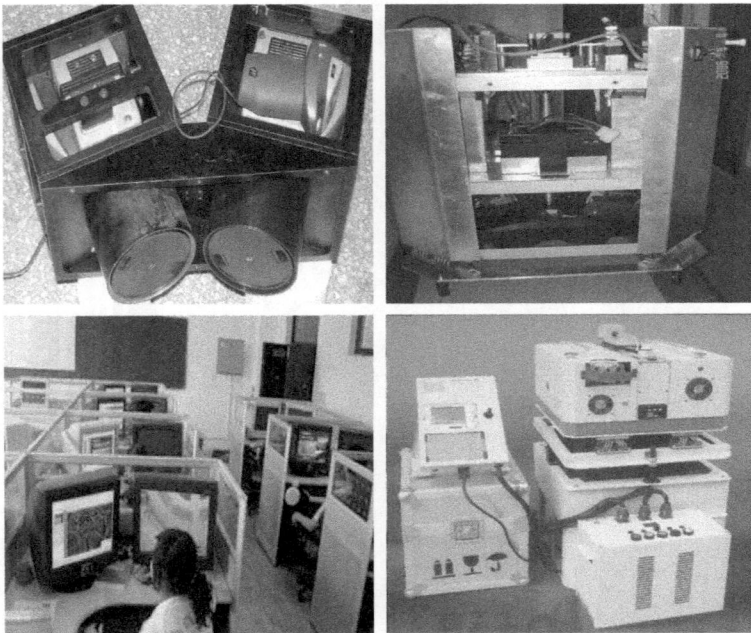

图 2-4 土地资源监测仪器

3. 科研基地制度和机制建设

针对野外实验基地的运行特点，成立新郑市野外基地管理委员会。在野外基地管理委员会指导下，由基地负责人全面负责基地的建设与组织管理，建立基地建设实施协调机制。搭建产、学、研、用合作平台，确保基地建设顺利实施。

1）建立分工合理、运行高效的基地组织管理体系

（1）成立野外基地建设管理委员会，加强组织领导。依据《国土资源部野外科学观测研究基地命名和建设暂行办法》，成立了野外基地建设管理委员会，负责基地建设与发展规划、运行管理制度、重大事项的决策和建设的管理与监督。

（2）成立专家顾问组，负责基地的学术指导与技术咨询把关。负责指导基地建设发展规划制定、指导基地确定研究方向、审定开放课题基金指南和审批开放课题基金申请、评议基地的研究成果、听取和审议基地主任的工作报告、审查和建议基地有关学术活动等事宜。

（3）根据研究任务建立科研团队，以研究任务为载体，组建科研团队。科研团队根据建设内容实行分工合作，并建立团队内部交流制度和科研团队交流制度，科研团队及时掌握各项研究的进展动态，确保研究任务顺利开展。

2）建立野外基地建设运行机制

建立河南省国土资源调查规划院与新郑市国土资源局联合实施项目的工作机制。由河南省国土资源调查规划院、新郑市国土资源局具体负责基地的组织实施工作，河南理工大学提供技术和人员支持。

建立野外基地建设定期汇报制度。基地建设组成单位要定期向基地负责人和基地办公室汇报基地工作进展、存在的问题及解决方案，并征求基地办公室的意见。基地办公室将定期监督、检查项目组成单位的各项任务进展情况，确保各阶段目标得到执行。

2.3　科研基地野外观测站点布设

我国土地资源数量-质量-生态"三位一体"的调查工作尚缺乏科学的依据和统一的指导。观测站点布设少，分布不够合理，缺乏系统的研究；观测站点覆盖率低、数据代表性差，无法准确反映土地资源数量-质量-生态状况的变化特征，难以满足实现土地资源数量-质量-生态并重管理的迫切需要。因此，按照原国土资源部野外科学观测研究基地建设的要求，开展了系统的野外观测站点的布设工作。

2.3.1 监测技术体系设计

围绕中部粮食主产区典型区域中观和微观尺度土地资源数量-质量-生态状况监测指标体系，融合卫星遥感、布点采样、实验测定、农户/野外调查、空间采样统计分析、定点观测等方法与技术手段，优化集成了中部粮食主产区土地资源数量-质量-生态监测技术体系（图2-5）。

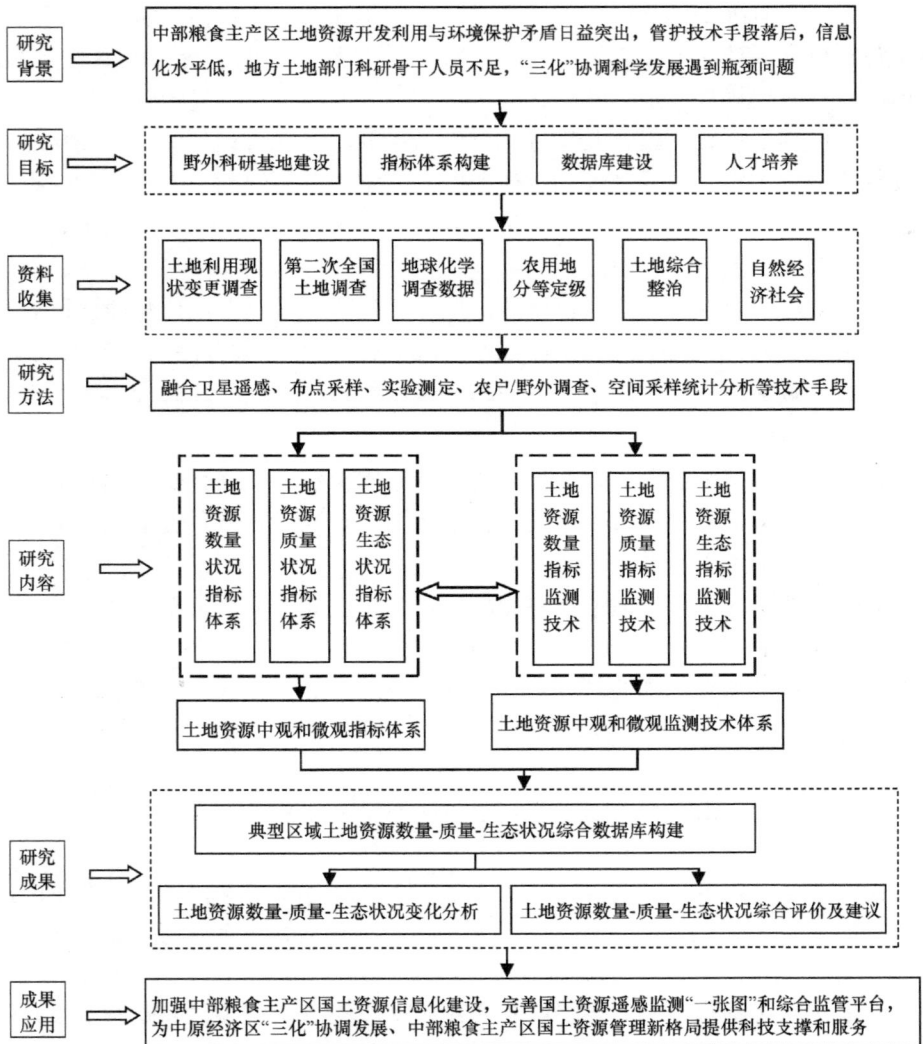

图2-5 中部粮食主产区土地资源数量-质量-生态监测技术体系流程图

2.3.2 布点原则、布点方法、站点布设图

1. 布点原则

按照以下基本原则对观测样地进行布点规划。

（1）土壤类型代表该地区土地利用方式和植被覆盖下发育的典型类型，与所在地区的生物气候带特征一致。

（2）内部状况均一，不跨越土系及不同的群落类型；空间上不跨越道路、沟谷和山脊。

（3）四周设置缓冲区。

（4）具有长期观测的可操作性，便于及时获取数据，交通应满足野外观测的基本需求。

2. 布点方法

基于新郑市土壤类型及地貌特点，结合多目标区域地球化学调查、农业农村部测土配方施肥工程，兼顾行政单元（以乡镇或村为单元）的完整性，采用网格法布设采样点（每 $1km^2$ 布一个样点），点位分布在格子中间部位。采样深度：土壤表层 0~20cm。

在江河水系发育地区，采集河漫滩与岸边土壤样品。

在水网、池塘发育地区，当小格中水域面积超过 2/3 时，应采集水底沉积物样品。

滩涂（含潮间带）按大格（$4km^2$）布点，点位应尽量布置在网格中间部位。

3. 站点布设图

1）构建 3 个典型观测区

按照新郑市土壤类型和地貌特征，以及典型性、代表性原则，研究人员在新郑市建立了全平原水肥区（设在梨河镇学田村）、沙岗尖凹区（设在龙王乡小左村）、新型农村社区（设在薛店镇常刘社区）共 3 个类型的土地资源野外观测区域。全平原水肥区、沙岗尖凹区、新型农村社区 3 个典型观测区域（图 2-6）。

2）完成观测区的站点布设工作

按照《自然生态系统土壤长期定位监测指南》技术规范，以及土壤类型代表性、均一性和具有长期观测的可操作性等原则，结合多目标区域地球化学调查、农业农村部测土配方施肥工程，基于 GPS 定位和网格法（表 2-1），分别在梨河镇学田村、龙王乡小左村、薛店镇常刘社区，均布设了 5 个观测站点（图 2-7）。

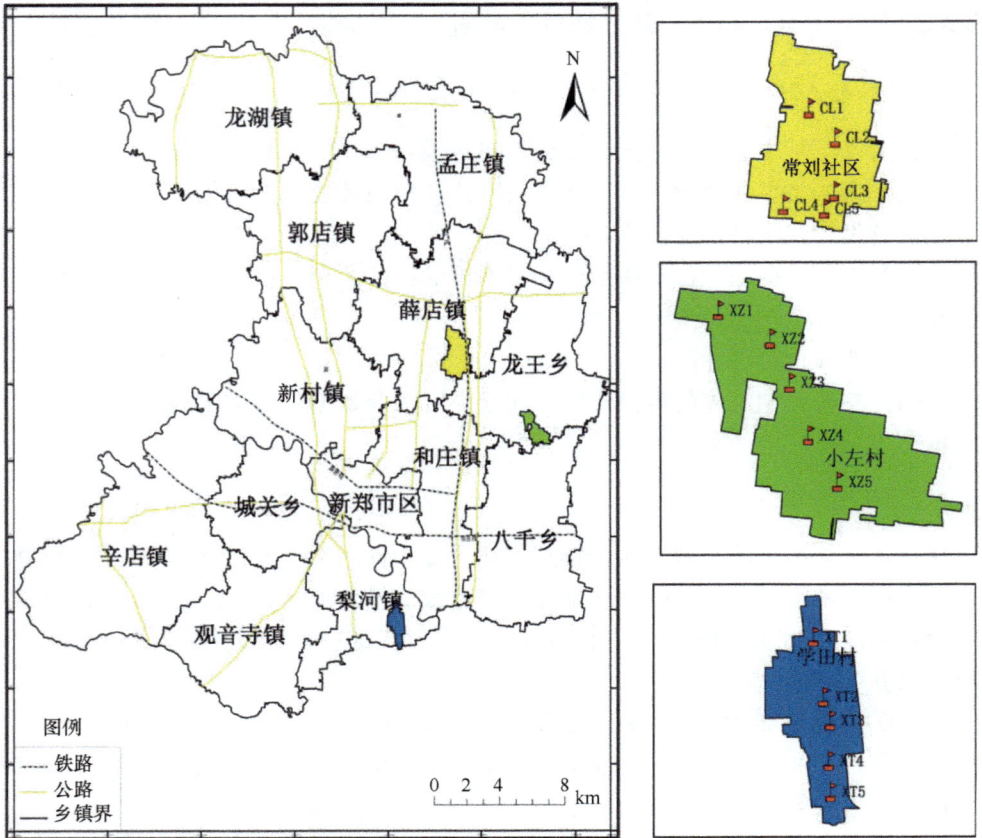

图 2-6　新郑市野外观测基地样点分布图

表 2-1　观测点所在村、乡（镇）及经纬度坐标

观测点编号	所在村	所在乡（镇）	经度	纬度
CL1	常刘社区	薛店镇	113°47'44.669" E	34°28'46.849"N
CL2	常刘社区	薛店镇	113°47'58.580" E	34°28'31.378"N
CL3	常刘社区	薛店镇	113°47'57.882" E	34°28'3.414"N
CL4	常刘社区	薛店镇	113°47'31.120" E	34°27'56.277"N
CL5	常刘社区	薛店镇	113°47'52.625" E	34°27'54.280"N
XZ1	小左村	龙王乡	113°50'33.430" E	34°26'32.871"N
XZ2	小左村	龙王乡	113°50'47.529" E	34°26'25.217"N
XZ3	小左村	龙王乡	113°50'52.845" E	34°26'13.401"N
XZ4	小左村	龙王乡	113°50'57.930" E	34°25'59.237"N
XZ5	小左村	龙王乡	113°51'5.880" E	34°25'46.727"N

续表

观测点编号	所在村	所在乡（镇）	经度	纬度
XT1	学田村	梨河镇	113°45'23.874" E	34°20'7.710"N
XT2	学田村	梨河镇	113°45'28.100" E	34°19'42.500"N
XT3	学田村	梨河镇	113°45'30.849" E	34°19'32.368"N
XT4	学田村	梨河镇	113°45'30.309" E	34°19'15.259"N
XT5	学田村	梨河镇	113°45'31.132" E	34°19'2.063"N

　　梨河镇学田村土壤类型为褐土，耕层质地多为壤质，质地良好，耕层养分含量较高，耕地等级为一级和二级。该观测点主要用于土地资源质量监测。

　　龙王乡小左村，有多处冲积平原低洼地带，土壤多为砂壤土，灌排条件较差，耕地等级为三级或四级。该观测点主要用于土地资源生态监测。

　　薛店镇常刘社区属于新型农村社区，土壤养分含量较高，耕层多为砂壤土，耕性良好，灌溉设施比较健全，耕地等级多为三级或四级。该观测点主要用于土地资源数量监测。

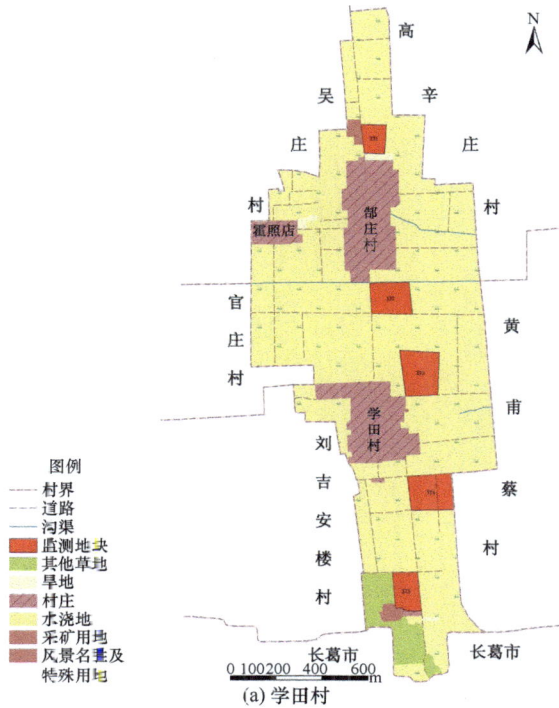

(a) 学田村

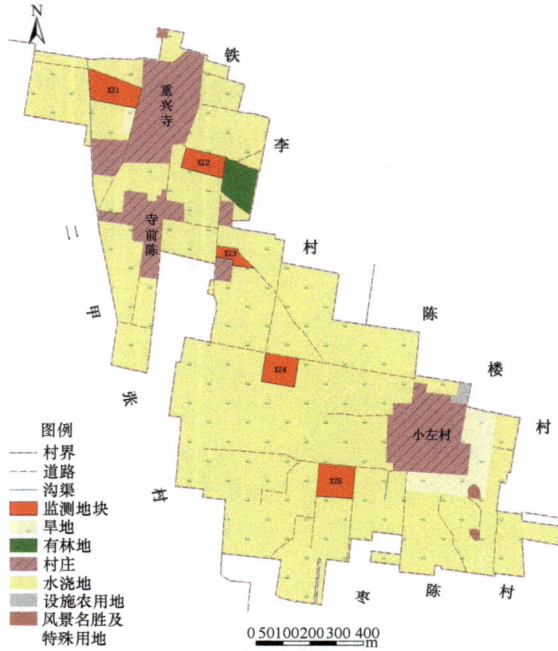

(b) 小左村

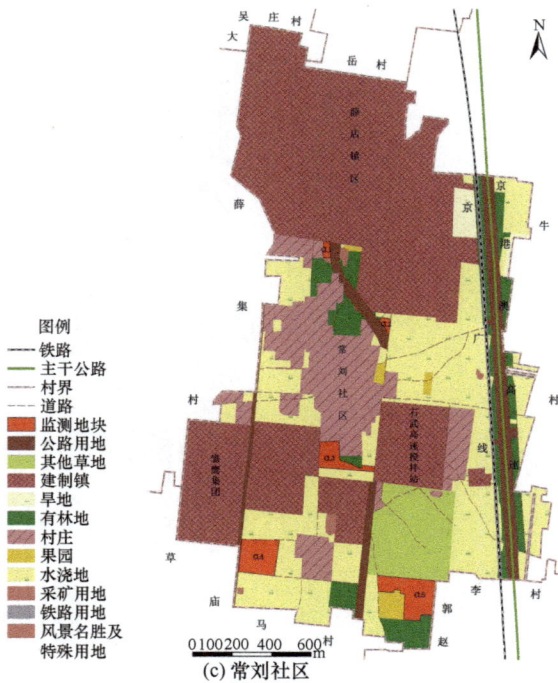

(c) 常刘社区

图 2-7 野外基地定位观测点土地利用图

3）野外定位观测点标识设置

研究人员分别在梨河镇学田村、龙王乡小左村、薛店镇常刘社区的野外观测站点设置了标识（图 2-8）。

图 2-8　野外观测站点标识图

2.3.3　野外科研基地土地资源数据库构建

1. 建设任务

以基础地理信息数据、土地基础业务数据、样点观测数据、社会经济相关数据和其他部门相关数据等为基础，利用计算机、GIS、数据库等技术，建设新郑市土地资源综合监测数据库，实现多目标、区域土地资源及变化信息管理与服务，为土地资源管护和土地可持续利用提供技术支撑。

2. 数据库建设技术指标

1）数据库建设定位基础

数据库建设数学基础主要包括：①坐标系。采用"1980 西安坐标系"。②高程基准。采用"1985 国家高程基准"。③地图投影。采用"高斯-克吕格投影"。

2）数据格式要求

空间矢量数据格式采用 ArcGIS shapefile 格式，影像数据采用 img 格式或者 TIFF 格式，文档报告类数据主要存储在 Word、Excel 和 PowerPoint 文档中。

3. 数据库设计

1) 数据库逻辑结构

新郑市土地资源综合监测数据库包括土地资源综合监测基础数据库、土地资源综合监测专项数据库（图2-9）。土地资源综合监测基础数据库中存储有长期的、定期的、周期性监测数据，包括空间数据与非空间数据。土地资源综合监测专项数据库中包含根据新郑市不同情况设定的临时的、短期性的、一次性的监测数据，也包括相关的专项问卷调查数据。

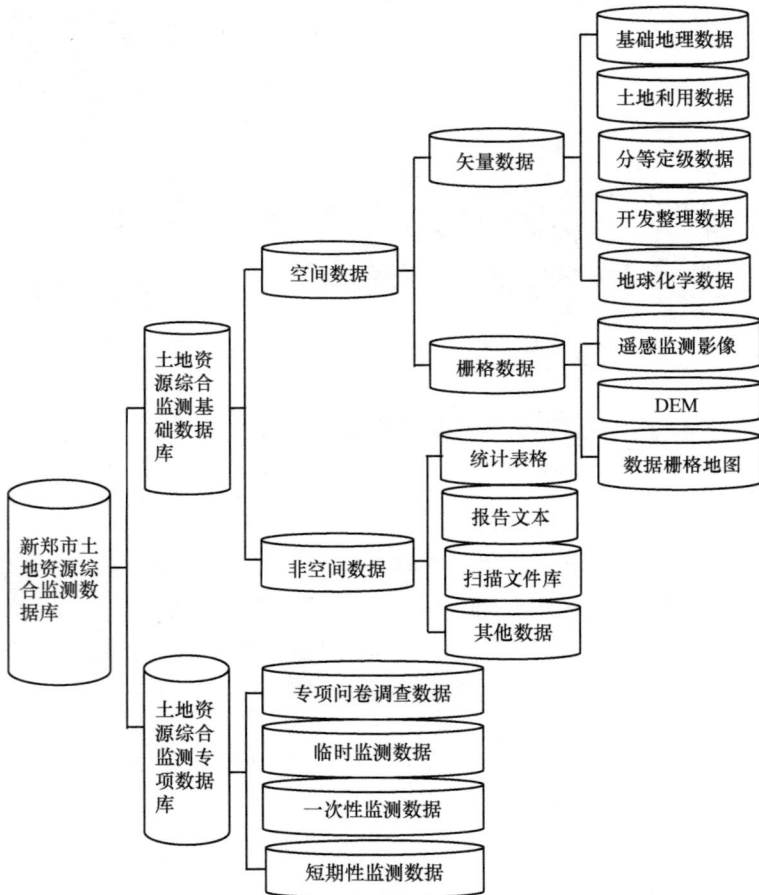

图2-9　新郑市土地资源综合监测数据库逻辑结构图

2) 数据库入库内容

新郑市土地资源综合监测数据库两个主要组成部分的入库内容如下：①土地

资源综合监测基础数据库。基础地理信息数据：包括新郑市 12 个乡（镇）地形图（DEM）、行政区划图、水系图、道路图等。土地基础业务数据：包括新郑市 12 个乡（镇、街道）可获取年度的遥感影像、土地利用图、土地利用变更调查数据等，以及第二次全国土地调查数据库、全国土地利用变更调查数据、全国土地利用遥感监测成果数据、新一轮土地利用规划修编成果、农用地分等定级成果、多目标地球化学调查数据、土地利用开发整理规划等。土地基础业务数据主要通过收集整理各相关部门的数据成果来获取（表 2-2）。②土地资源综合监测专项数据库。包括根据新郑市不同情况设定的临时、短期性的、可一次性的监测数据和专项问卷调查数据，主要采用 Excel 进行数据组织和管理，具体内容及其结构根据实际需要来确定。

表 2-2　土地基础业务数据

常规业务	数据类型	数据格式	上报周期
第二次全国土地调查数据库	遥感影像	TIFF	可获取年度
	成果图件	矢量	
	报表	Excel	
	文档	Word	
全国土地利用变更调查数据	变更图件	矢量	1 次/a
	数据库	MDB	1 次/a
	报表	Excel	1 次/a
	文档	Word	1 次/a
全国土地利用遥感监测成果数据	遥感监测影像	TIFF	1 次/a
	监测成果数据	矢量	1 次/a
	本底库数据	矢量	1 次/a
	统计报表	Excel	1 次/a
	文档	Word	1 次/a
新一轮土地利用规划修编成果	专题研究成果	Word	可获取年度
	规划文本、说明	Word	
	图集	JPEG	
农用地分等定级成果	图件	矢量	可获取年度
	报告	Word	
土地利用开发整理规划	图件	矢量	可获取年度
	报告	Word	
多目标地球化学调查数据	图件	矢量	可获取年度
	报告	Word	

4. 样点观测数据

样点观测数据包括 3 个典型区域的 15 个观测点及典型村域的土壤有机质、土壤水分、生物量、植被覆盖度、叶面积指数、光合有效辐射、全养分及速效养分指标的测试化验数据和复种指数、化肥使用量、农药使用量、除草剂使用量、机械总动力、农用地租赁价格、劳动力价格、撂荒土地面积、秸秆还田率等问卷调查数据。

5. 社会经济相关数据

社会经济相关数据包括基地所在区域 [县、乡（镇）、村] 社会经济统计数据。

6. 文字报告

文字报告包括项目申请书、项目任务书、年度报告、验收报告等。

7. 监测成果数据库

监测成果数据库入库内容包括新郑市全域、3 个典型村的基础地理信息、土地利用信息、固定监测点观测数据、行政区尺度监测成果、宏观尺度全域栅格数据成果、成果图件等。

2.3.4 数据库分层

采用数据分层的方法进行组织管理，根据数据库内容和逻辑一致性进行要素数据分层（表 2-3 和表 2-4），数据库各组成部分各层要素的命名及定义如下。

1. 土地资源综合监测基础数据库

土地资源综合监测基础数据库分层设计结构表见表 2-3。

表 2-3　土地资源综合监测基础数据库分层设计结构表

序号	图层分类	图层名称	几何特征	属性表名
1	基础地理信息	行政区	Polygon	XZQ
		行政区界线	Line	XZQJX
		行政区注记	Annotation	XZQZJ
		沟渠	Line	GQ
		道路	Line	DL
		河流	Polygon	HL
2	土地基础业务数据	采用搜集数据的原始分层及格式		
3	样点观测数据	包括样点采样数据的测试化验分析数据和问卷调查数据，采用 Excel 进行管理		
4	社会经济数据	社会经济统计数据，采用搜集数据的原始格式		

2. 土地资源综合监测成果数据库

土地资源综合监测成果数据库分层设计结构表见表2-4。

表2-4 监测成果数据库分层设计结构表

序号	图层分类	图层名称	几何特征	属性表名	说明
1	基础地理信息	行政区	Polygon	XZQ	
		行政区界线	Line	XZQJX	
		行政区注记	Annotation	XZQZJ	
		沟渠	Line	GQ	
		道路	Line	DL	
		河流	Polygon	HL	
2	土地利用数据	地类图斑	Polygon	DLTB	2011～2013年
		监测遥感影像	IMG	JCYDYX	
3	固定监测点观测数据	固定监测样点	Point	GDJCYD	
		监测地块	Polygon	JCDK	
4	行政区尺度成果	村域宏观尺度成果	Polygon	CYHGCDCG	
		村域微观尺度成果	Polygon	CYWGCDCG	
5	新郑市宏观尺度监测成果	As	Grid	As	土壤As含量
		Biomass	Grid	Biomass	生物量
		Cd	Grid	Cd	土壤Cd含量
		Cr	Grid	Cr	土壤Cr含量
		Cu	Grid	Cu	土壤Cu含量
		DEM	Grid	DEM	高程
		FGD	Grid	FGD	植被覆盖度
		FPAR	Grid	FPAR	光合有效辐射比例
		NDVI	Grid	NDVI	归一化植被指数
		LAI	Grid	LAI	叶面积指数
		Ni	Grid	Ni	土壤Ni含量
		Pb	Grid	Pb	土壤Pb含量
		PD	Grid	PD	坡度
		YJZ	Grid	YJZ	有机质
		Zn	Grid	Zn	土壤Zn含量

3. 数据库矢量数据属性数据结构

数据库中各矢量数据图层属性数据结构包括基础地理信息要素属性数据结构（表2-5～表2-8）、地块定位监测成果属性数据结构（表2-9）、村域监测成果属性数据结构（表2-10、表2-11）。

表 2-5　行政区属性结构

序号	字段名称	字段代码	字段类型	字段长度	小数位数	阈值	备注
1	行政区代码	XZQDM	String	20			
2	行政区名称	XZQMC	String	60			
3	土地面积	TDMJ	Float	15	4	>0	单位：hm²

表 2-6　行政区界线属性结构

序号	字段名称	字段代码	字段类型	字段长度	小数位数	阈值	备注
1	界线类型	JXLXDM	String	6			
2	界线性质	JXXZDM	String	6			
3	界线说明	JXSM	String	60			

表 2-7　线状地物属性结构

序号	字段名称	字段代码	字段类型	字段长度	小数位数	值域	备注
1	地类编码	DLBM	String	4		非空	
2	地类名称	DLMC	String	60		非空	
3	线状地物编号	XZDWBH	String	8		非空	
4	长度	CD	Float	15	1	>0	单位：m
5	宽度	KD	Float	15	1	>0	单位：m
6	线状地物面积	XZDWMJ	Float	15	2	>0	单位：m²
7	线状地物名称	XZDWMC	String	60		非空	
8	权属单位代码	QSDWDM	String	20		非空	
9	权属单位名称	QSDWMC	String	60		非空	

注：适用于道路、沟渠等线状地物。

表 2-8　注记属性结构

序号	字段名称	字段代码	字段类型	字段长度	小数位数	值域	备注
1	注记内容	ZJNR	String	60			
2	字体	ZT	String	4			
3	颜色	YS	String	12			
4	高度	GD	Float	15	1	>0	
5	宽度	KD	Float	15	1	>0	
6	间隔	JG	Float	6	2	>0	
7	注记方向	ZJFX	Float	10	6	>0	

注：适用于各类注记信息。

表 2-9　监测地块属性结构

序号	字段名称	字段代码	字段类型	字段长度	小数位数	值域	备注
1	地块编号	DKBH	String	60		非空	
2	权属单位代码	QSDWDM	String	19		非空	
3	权属单位名称	QSDWMC	String	60		非空	
4	地块面积	DKMJ	Float	15	4	>0	
5	耕作层厚度 12	GZCHD12	Float	15	0	≥0	单位：cm 12 表示 2012 年观测数据，下同
6	障碍层厚度 12	ZACHD12	String	10			区间表示
7	土壤构型 12	TRGX12	String	60			
8	土壤质地 12	TRZD12	String	60			
9	坡度 12	PD12	Float	15	2		单位：度
10	高程 12	GC12	Float	15	2		单位：m
11	千粒重 12	QLZ12	Float	15	1	≥0	单位：g
12	N12	N12	Float	15	4	≥0	土壤全量氮，单位：g/kg
13	P12	P12	Float	15	4	≥0	土壤全量磷，单位：g/kg
14	K12	K12	Float	15	4	≥0	土壤速效钾，单位：g/kg
15	有机质 12	SOC12	Float	15	3	≥0	单位：g/kg
16	雨季土壤水分 12	TRSFYJ12	Float	15	2	≥0	单位：%
17	旱季土壤水分 12	TRSFHJ12	Float	15	2	≥0	单位：%
18	土壤铵态氮 12	TRATD12	Float	15	3	≥0	单位：mg/kg
19	土壤硝态氮 12	TRXTD12	Float	15	3	≥0	单位：mg/kg
20	土壤含盐量 12	TRATD12	Float	15	2	≥0	单位：%
21	有机污染物浓度 12	YJWRND12	Float	15	2	≥0	单位：%
22	As12	As12	Float	15	4	≥0	土壤 As 含量，单位：mg/kg
23	Cd12	Cd12	Float	15	4	≥0	土壤 Cd 含量，单位：mg/kg
24	Cr12	Cr12	Float	15	4	≥0	土壤 Cr 含量，单位：mg/kg
25	Cu12	Cu12	Float	15	4	≥0	土壤 Cu 含量，单位：mg/kg
26	Ni12	Ni12	Float	15	4	≥0	土壤 Ni 含量，单位：mg/kg
27	Pb12	Pb12	Float	15	4	≥0	土壤 Pb 含量，单位：mg/kg
28	Zn12	Zn12	Float	15	4	≥0	土壤 Zn 含量，单位：mg/kg

注：字段还包括 2013 年和 2014 年的千粒重、N、P、K、有机质、雨季土壤水分、旱季土壤水分、土壤铵态氮、土壤硝态氮、土壤含盐量、有机污染浓度、As、Cd、Cr、Cu、Ni、Pb、Zn 等指标，其字段名称、代码为 2012 年相应字段名称、代码中的"12"变更为"13"和"14"，字段类型、字段长度和小数位数及值域与 2012 年相应字段相同。

表 2-10 村域宏观尺度成果属性结构

序号	字段名称	字段代码	字段类型	字段长度	小数位数	值域	备注
1	行政区代码	XZQDM	String	20			
2	行政区名称	XZQMC	String	60			
3	土地面积	TDMJ	Float	15	4	>0	单位：hm²
4	耕地变建设用地面积 12	GDTOJSYD12	Float	15	4	≥0	单位：hm² 12 表示 2012 年观测数据，下同
5	NDVI 12	NDVI12	Float	15	4		采用区间表示
6	土壤有机质 12	TRYJZ12	Float	15	3	≥0	单位：g/kg
7	生物量密度 12	SWLMD12	Float	15	3	≥0	单位：g/m²
8	植被覆盖度 12	ZBFGD12	Float	15	2	≥0	
9	林网化长度 12	LWHCD12	Float	15	2	≥0	单位：m/hm²
10	渠网密度 12	QWMD12	Float	15	1	≥0	单位：m/hm²
11	叶面积指数 12	YMJZS12	Float	15	2	≥0	
12	光合有效辐射比率 12	GHYXFSBL12	Float	15	2	≥0	
13	非渗透地表面积 12	FSTDBMJ12	Float	15	4	≥0	单位：hm²
14	城市绿地面积 12	CSLDMJ12	Float	15	4	≥0	单位：hm²
15	城市水面积 12	CSSMMJ12	Float	15	4	≥0	单位：hm²

注：字段还包括 2013 年和 2014 年的各指标，其字段名称、代码为 2012 年相应字段名称、代码中的"12"变更为"13"和"14"，字段类型、字段长度和小数位数及值域与 2012 年相应字段相同。

表 2-11 村域微观尺度成果属性结构

序号	字段名称	字段代码	字段类型	字段长度	小数位数	值域	备注
1	行政区代码	XZQDM	String	20			
2	行政区名称	XZQMC	String	60			
3	土地面积	TDMJ	Float	15	4	>0	单位：hm²
4	耕地变建设用地面积 12	GDTOJSYD12	Float	15	4	≥0	单位：hm² 12 表示 2012 年观测数据；下同
5	复种指数 12	FZZS12	Float	15	1	≥0	
6	化肥使用量 12	HFSYL12	Float	15	0	≥0	单位：kg/（hm²·a）
7	农药使用量 12	NYSYL12	Float	15	0		单位：元/（hm²·a）
8	除草剂使用量 12	CCJYL12	Float	15	0		单位：元/（hm²·a）

续表

序号	字段名称	字段代码	字段类型	字段长度	小数位数	值域	备注
9	机械总动力 12	JXZDL12	Float	15	0		单位：元/（hm²·a）
10	农用地租赁价格 12	NYDZLJG12	Float	15	0		单位：元/（hm²·a）
11	劳动力价格 12	LDLJG12	Float	15	0		单位：元/（hm²·a）
12	撂荒土地面积 12	LHTDMJ12	Float	15	4		单位：hm²
13	秸秆还田率 12	JGHTL12	Float	15	1		单位：%

注：字段还包括 2013 年和 2014 年的各指标，其字段名称、代码为 2012 年相应字段名称、代码中的"12"变更为"13"和"14"，字段类型、字段长度和小数位数及值域与 2012 年相应字段相同。

2.3.5　数据库建设

1. 基本资料准备

研究人员按照数据库设计图层格式及要求搜集相关数据。

2. 工作准备

数据生产前组织相关人员对采集软件、数据处理软件、建库软件进行学习，使课题参与人员统一认识、密切配合。

3. 硬件环境

硬件环境建设主要包括硬件存储空间、服务器的性能方面。

4. 软件准备

软件准备包括：①操作系统：Windows 7。②建库软件：ArcGIS Desktop 9.3。

2.3.6　数据检查

数据入库前先检查采集的数据的质量，合格的数据方可入库。

数据检查主要包括矢量数据几何精度和拓扑检查、属性数据完整性和正确性检查、图形和属性数据一致性检查、接边精度和完整性检查等。

数据入库主要包括矢量数据、栅格数据等数据的入库。最后进行系统运行测试。数据入库前对采集的数据进行全面质量检查，并对检查出的错误进行改正。数据检查与更正是数据建库中至关重要的一步。

2.3.7　数据入库

1. 矢量数据入库

经过检查合格的基础地理信息数据、土地基础业务数据、观测点（地块）数据、区域观测成果数据、社会经济数据等，利用建库软件的数据导入功能分别将其导入数据库中。

2. 栅格数据入库

利用建库软件向建立好的文件夹中添加栅格数据。

3. 其他数据入库

将在数据采集过程中经过位置调整的注记文件导入数据库中。

2.3.8　成果汇总

经过数据入库后的质量检查后，数据库的各项指标均满足规范要求，利用建库软件提供的统计分析和图形输出功能制作了图件成果，并根据建库的实际编写了文字报告。

1. 图件成果编制

编制的图件包括土地利用现状图、监测点分布图、各类专题图等。编制的图件图内外要素齐全，比例尺恰当，图内外要素的颜色、图案、线型等标识符合要求，图幅整饰完整、规范，图面清晰易读。

2. 文字报告编写

根据数据库建设的实际和相关规程编写了数据库建设的工作报告、技术报告和自检报告，对数据库建设步骤、软硬件配置、数据库内容与功能等内容进行详细说明。

2.3.9　数据库主要成果构成

1. 数据成果

数据成果包括：①新郑市土地资源监测基础数据库；②新郑市宏观尺度成果库；③新郑市梨河镇学田村成果库；④新郑市薛店镇常刘社区成果库；⑤新郑市龙王乡小左村成果库。

2. 表格成果

表格成果包括：①监测点采样信息表；②监测点样品测试信息表；③监测点成果信息表。

3. 图件成果

图件成果包括：①基础地理信息图件；②监测成果专题图。

4. 文字成果

文字成果包括：①技术报告；②结项报告。

2.3.10　数据库主要页面展示

1. 新郑市土地资源综合监测数据库页面

新郑市土地资源综合监测数据库组织如图 2-10 所示。

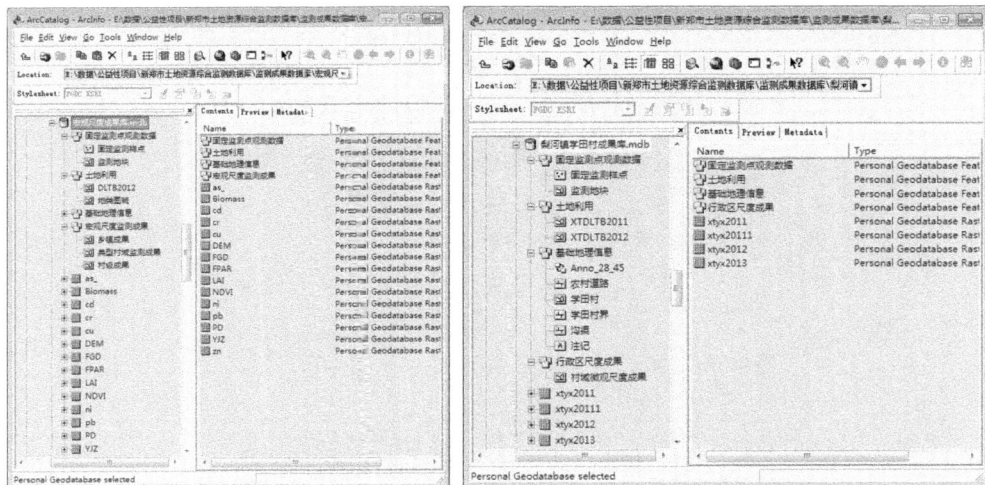

图 2-10　新郑市土地资源综合监测数据库组织

2. 宏观尺度成果库页面

新郑市土地资源综合监测宏观尺度成果数据库组织页面如图 2-11~图 2-18 所示。

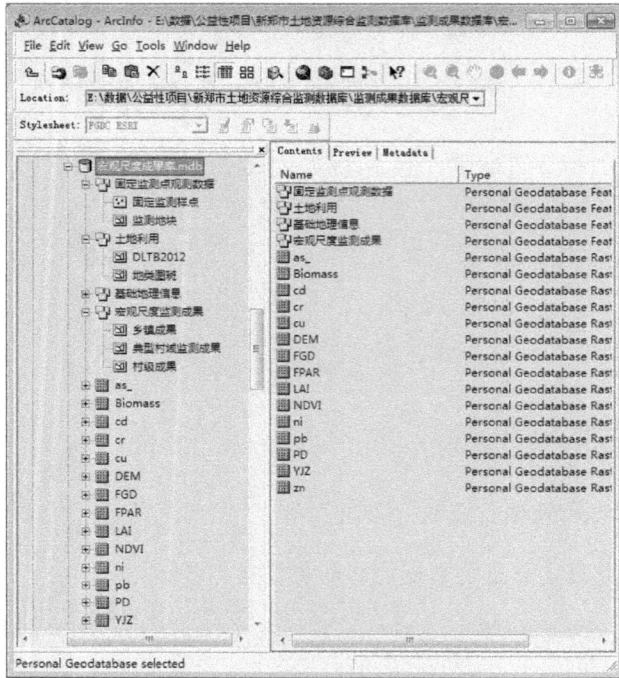

图 2-11 新郑市土地资源综合监测宏观尺度成果库组织

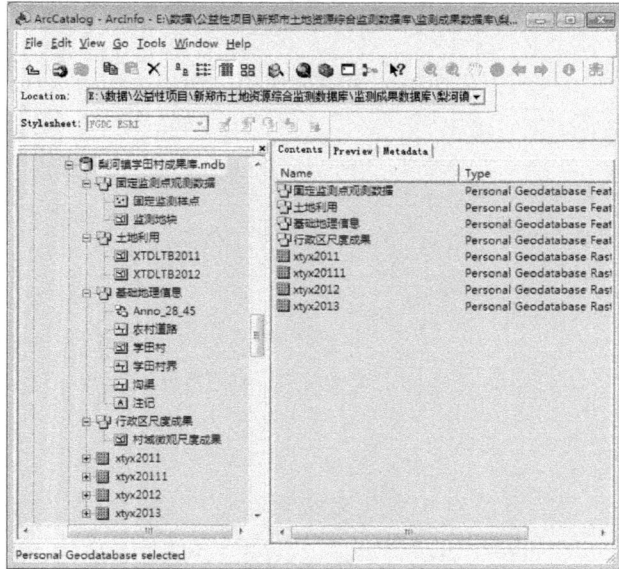

图 2-12 新郑市梨河镇学田村成果库组织

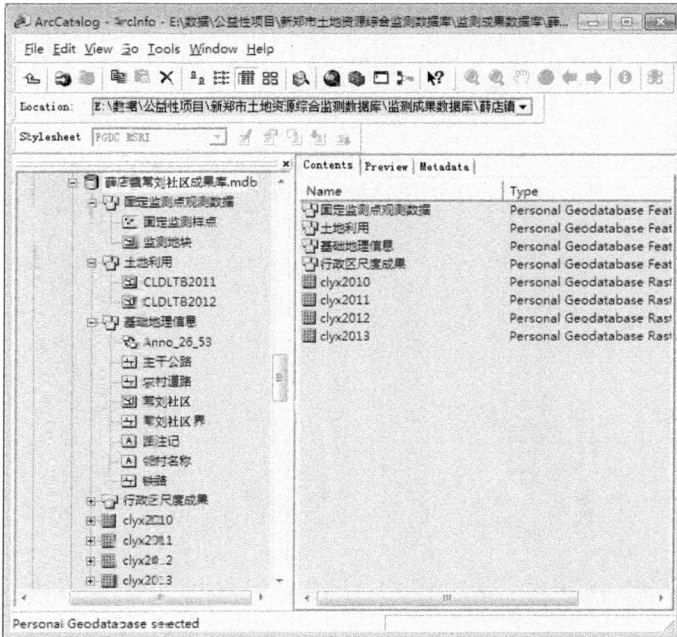

图 2-13　新郑市薛店镇常刘社区成果库组织

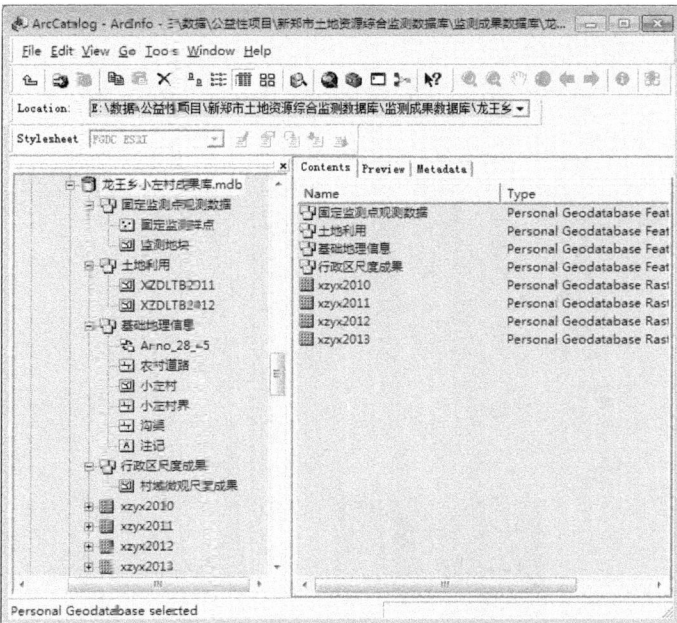

图 2-14　新郑市龙王乡小左村成果库组织

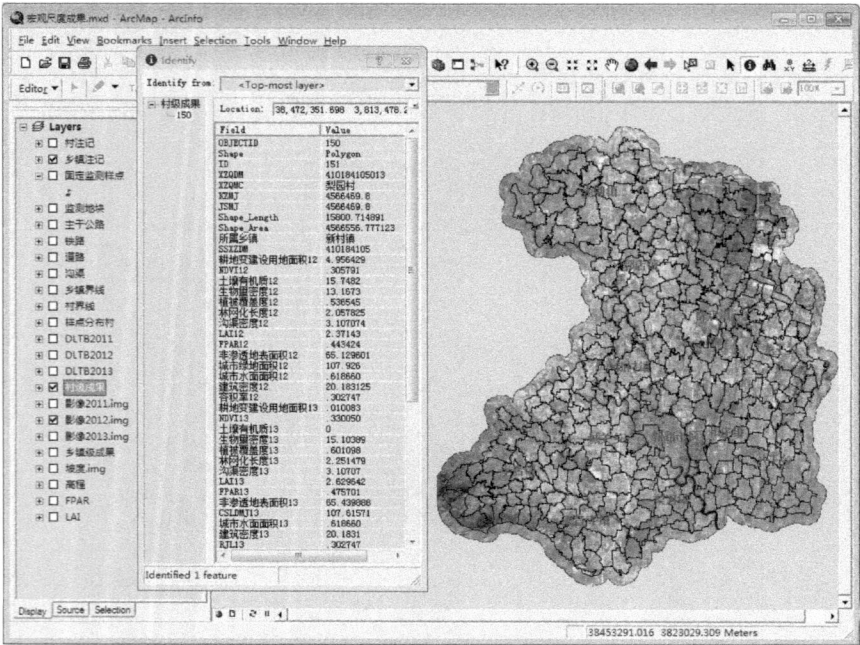

图 2-15　新郑市域成果数据库图层管理

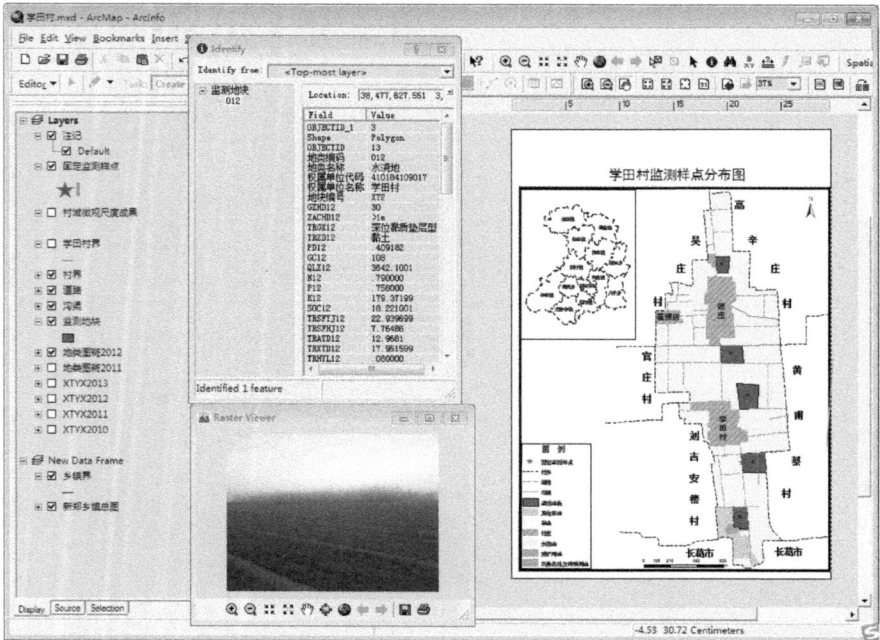

图 2-16　新郑市梨河镇学田村成果数据库图层管理

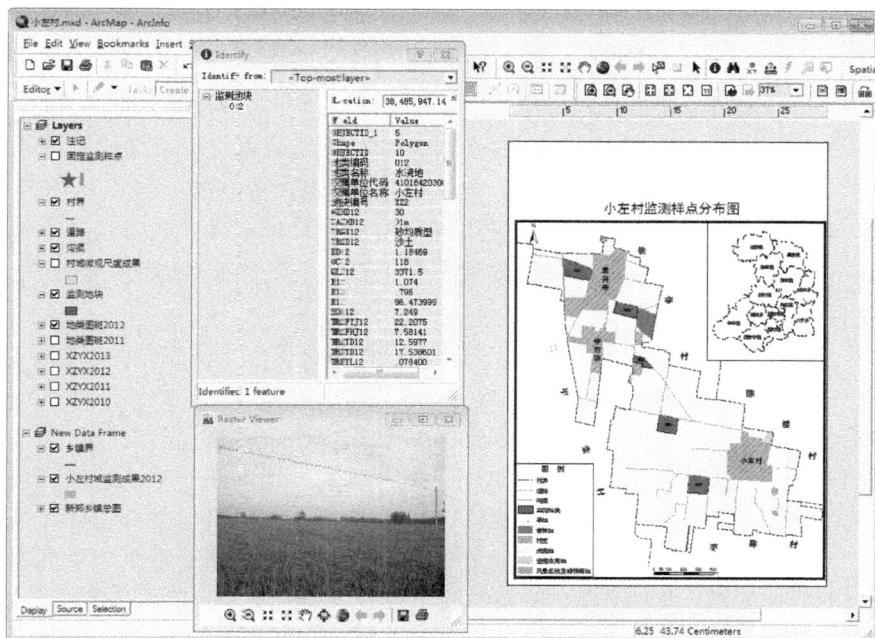

图 2-17　新郑市龙王乡小左村成果库图层管理

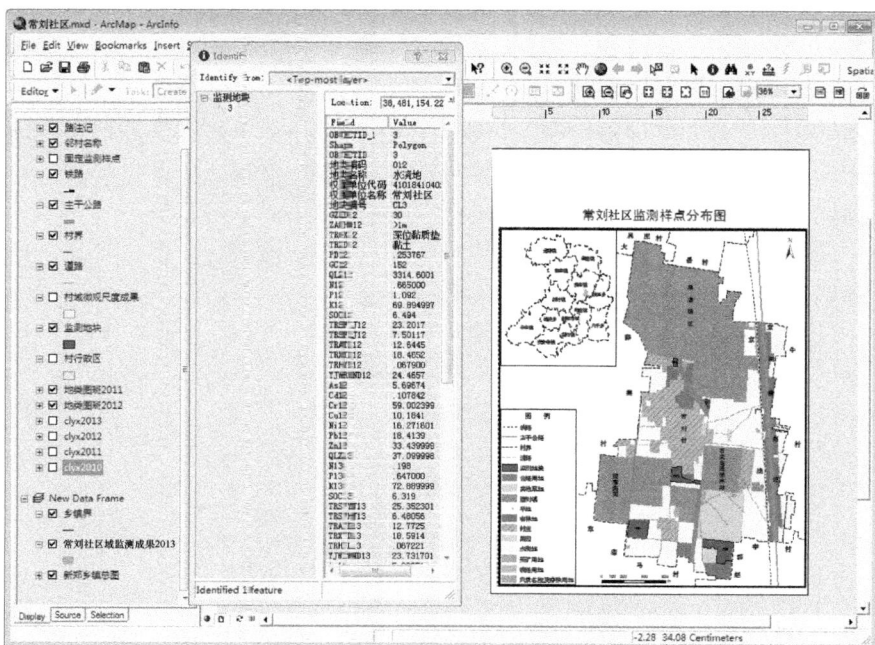

图 2-18　新郑市薛店镇常刘社区成果库图层管理

2.4　科研基地建设经验

新郑市土地资源数量-质量-生态监测野外实验基地建设，采用强强联合、优势互补、各取所长的分工协作方式。成立野外科研基地管理委员会、专家咨询委员会、基地办公室、技术攻关组，采用任务负责制管理模式，在野外基地管理委员会、专家咨询委员会指导下，由基地负责人全面负责基地的建设与组织管理，建立基地建设实施协调机制。

1. 组织管理体系

新郑市野外科研基地成立了以河南省自然资源厅主管厅长为主任，河南省国土资源调查规划院院长、新郑市人民政府主管市长为副主任的基地管理委员会，委员由河南省自然资源厅耕地保护处、土地规划处、土地整理中心主任、基地负责人及新郑市国土资源局局长担任。并在河南省国土资源调查规划院设立基地办公室，由基地负责人担任主任，河南省国土资源调查规划院、新郑市国土资源局、河南理工大学明确各自的责任和义务。

2. 实施协调机制

建立河南省国土资源调查规划院与新郑市国土资源局联合实施项目的工作机制。由河南省国土资源调查规划院、新郑市国土资源局具体负责基地的组织实施工作，河南理工大学提供技术和人员支持；建立野外基地建设定期汇报制度。基地建设组成单位要定期向基地负责人和基地办公室汇报基地工作进展情况、存在问题及解决方案，并征求基地办公室的意见。

建立野外基地建设定期汇报制度。基地办公室定期监督、检查项目组成单位各项任务的进展情况，确保各阶段目标得到执行。

第3章 中部粮食主产区土地资源综合监测指标体系构建

按照《国土资源部野外科学观测研究基地命名和建设暂行办法》和《关于组织与开展国土资源部野外科学观测研究基地命名和建设的通知》(国土资发〔2010〕213号)要求,本章分别从中观尺度(县、乡镇)及微观尺度(村及观测点)构建中部粮食主产区土地资源综合监测指标体系。

3.1 中部粮食主产区土地资源数量-质量-生态状况中观尺度监测指标体系构建

表3-1为中观尺度的中部粮食主产区土地资源数量-质量-生态状况监测指标体系,主要包括以下几点。

(1)土地资源数量监测指标体系。建立土地利用类型转移、土地利用集约度等方面的土地资源数量监测指标体系,并实现该系列数据的年度更新。

(2)土地质量监测指标体系。主要根据市域农作物生长状况监测区域土地质量的变化情况及发展趋势,并实现基地示范点土地质量的实时监测和数据年度更新。

表3-1 中部粮食主产区土地资源数量-质量-生态综合监测指标体系(中观尺度)

指标类型	指标层	元指标层	数据来源	频次/年	尺度
土地资源数量	耕地变化	耕地→建设用地	第二次全国土地调查与变更调查数据	1次	乡
	建设用地	容积率	遥感与固定样点监测	1次	乡
		建筑密度	遥感与固定样点监测	1次	
土地资源质量	作物长势	NDVI	遥感监测	1次	市
土地资源生态	生物量		遥感与固定样点监测相结合	1次	乡
	指示种		遥感与固定样点监测相结合	1次	
	植被覆盖度		遥感与固定样点监测相结合	1次	
	林网密度		遥感监测与地面调查	1次	
	渠网密度		遥感监测与地面调查	1次	
	叶面积指数		遥感与固定样点监测相结合	1次	

续表

指标类型	指标层	元指标层	数据来源	频次/年	尺度
	光合有效辐射		遥感与固定样点监测相结合	1 次	乡
土地资源生态	城市绿地		遥感	1 次	
	城市水面		遥感	1 次	市
	非渗透性表面密度		遥感	1 次	

（3）土地生态状况监测指标体系。主要从生物量、指示种、植被覆盖度、非渗透性表面密度、渠网密度、叶面积指数、光合有效辐射、城市绿地、城市水面、林网密度等方面构建土地生态状况监测指标。

3.2　中部粮食主产区土地资源数量-质量-生态状况微观尺度监测指标体系构建

表 3-2 为微观尺度的中部粮食主产区土地资源数量-质量-生态状况监测指标体系，主要包括以下几点。

表 3-2　中部粮食主产区土地资源数量-质量-生态综合监测指标体系（微观尺度）

指标类型	准则层	指标层	元指标层	数据来源	频次/年	尺度
土地资源数量	土地利用类型转移	耕地变化	耕地→建设用地	第二次全国土地调查与变更调查数据	1 次	村
	土地利用集约度	农用地	复种指数	固定样点与问卷调查	1 次	
			化肥使用量	固定样点与问卷调查	1 次	
			农药使用量	固定样点与问卷调查	1 次	
			除草剂用量	固定样点与问卷调查	1 次	村
			机械总动力	固定样点监测与问卷调查	1 次	
	农用地流转状况		农用地租赁价格	固定样点监测与问卷调查	1 次	
			劳动力价格	固定样点监测与问卷调查	1 次	
			撂荒土地面积	固定样点监测与问卷调查	1 次	
土地资源质量	土地基础背景	土壤	耕作层厚度	固定样点监测	5 年	
			障碍层厚度	固定样点监测	5 年	
			土地构型	固定样点监测	5 年	
			土壤质地	固定样点监测	5 年	样点
		地形	坡度	固定样点监测	5 年	
			高程	固定样点监测	5 年	
	作物长势		千粒重	固定样点监测	1 次	村
	土壤		全量氮、磷、钾	固定样点监测	1 次	样点

续表

指标类型	准则层	指标层	元指标层	数据来源	频次/年	尺度
土地资源质量	土壤		有机质	固定样点监测	1 次	样点
			土壤水分（雨季和旱季）	固定样点监测	2 次	
			土壤铵态氮	固定样点监测	1 次	
			土壤硝态氮	固定样点监测	1 次	
			土壤含盐量	固定样点监测	1 次	
	秸秆还田率			固定样点监测	1 次	村
	作物年产量			固定样点监测	1 次	
土地资源生态	土壤污染		有机污染	固定样点监测	1 次	样点
			重金属污染	固定样点监测	1 次	

（1）土地资源数量监测指标体系。建立包括土地利用类型转移、土地利用集约度、农用地流转状况等在内的土地资源数量监测指标体系，并实现该系列数据的年度更新。

（2）土地质量监测指标体系。采取定位观测和入户调查等方式，构建土地基础背景、作物长势、土壤状况、秸秆还田率和作物年产量等指标来监测区域土地质量的变化情况及发展趋势，并实现基地示范点土地质量的实时监测和数据年度更新。

（3）土地生态状况监测指标体系。采取定位观测和入户调查等方式，构建土壤污染（有机污染和重金属污染）指标，监测区域生态状况的变化情况及发展趋势，并实现基地示范点土地质量的实时监测和数据年度更新。

第4章 中部粮食主产区土地资源数量-质量-生态状况监测技术体系

中部粮食主产区土地资源数量-质量-生态状况监测技术体系由土地资源数量监测技术、土地资源质量监测技术和土地资源生态状况监测技术三个方面组成。

4.1 土地资源数量监测技术

土地资源数量监测指标信息的获取是基于土地利用分类体系，以快速、准确获取观测点的耕地资源的类型、结构、空间分布信息及变化信息为目标，获取耕地资源的变化、流向、趋势和过程等信息。

4.1.1 中观尺度指标监测技术

1. 耕地变化

利用第二次全国土地调查数据、土地利用变更调查数据和高分辨率遥感影像，结合实地调查，研制土地利用类型转移指标的监测技术。

1）技术一：基于遥感数据的耕地变化监测技术研究

基于遥感数据的耕地变化监测技术研究是以 RS 技术为基础，综合利用 3S 技术，利用同一地区多时相的遥感影像，解译不同时相的土地利用/覆盖信息，利用 GIS 软件平台进行叠加，比较后得出土地利用变化信息，并进行土地利用变化的动态监测。

具体技术流程如下：基于多时相遥感数据的耕地变化监测以中分辨率遥感图像为主要信息源，首先要对多时相的遥感影像进行几何校正和配准，它们是多时相遥感信息识别的基础；然后对多时相的遥感数据进行有效的辐射归一化处理，以减少各种干扰素的影响；进行几何校正、配准、辐射归一化等处理后，利用图像分类技术提取土地利用/覆盖信息，将不同时相的土地利用/覆盖分类信息利用 GIS 软件平台进行空间叠加，可以得到耕地变化信息；结合社会经济等辅助数据进行实地调查、测量后可以确定耕地变化类型，为有关国土资源部门提供管理依据。可以分为以下几个步骤：遥感数据收集、遥感数据预处理、遥感数据分类、形成土地利用信息数据、和第二次全国土地调查数据相结合提取耕地变化信息、不同时相分类结果叠加运算、结合社会经济等辅助数据确定耕地变化类型并进行精度评估和专题图制作。

利用多时相遥感影像提取耕地变化信息，均是利用遥感影像提取土地利用/覆盖信息，辅助数据利用较少，因而人为因素也较少，优点是比较客观，缺点是由于多个时相的遥感影像的卫星参数、影像质量等不同，因此信息的提取在精度上有时不一致，会造成一定的误差。

2）技术二：基于土地利用现状图的单时相遥感数据监测耕地变化信息

在不能获取研究区多个时相的遥感数据时，利用研究区基准时相的土地利用现状图和监测时相的遥感图像，同样可以得到研究区耕地变化信息，并且可以充分利用土地利用的相关信息。可以将基准时相的土地利用现状图二值化为耕地图层和非耕地图层，利用耕地图层掩膜监测时相的遥感图像，在掩膜后的图像中提取非耕地信息，即耕地→非耕地；同理，利用非耕地图层掩膜遥感图像，在掩膜后的图像中提取耕地信息，即非耕地→耕地。

而基于土地利用现状图并结合遥感图像监测到的耕地变化信息，则可以充分利用土地利用现状图的属性信息，将其按属性合并为耕地、非耕地（当然也可以有更多的分类），相应地产生具有属性和空间位置的耕地、非耕地图层，分别利用耕地、非耕地图层去掩膜遥感图像，提取掩膜后图像中的非耕地信息、耕地信息等，即可以获取耕地变化信息。

2. 建设用地

中观尺度建设用地监测指标包括建设用地容积率和建筑密度，本书基于高分辨率卫星影像提取建筑物高度信息，计算容积率，利用阴影长度法对区域建筑密度和容积率进行研究，具体技术流程如下。

搜集研究区的遥感数据和一些辅助资料并对其进行预处理，基于遥感在固定样点监测观测站点建设用地容积率和建筑密度等指标；基于面向对象的原理进行影像的解译、信息提取工作；将区域土地覆盖物分为 5 类：建筑物、阴影、水体、绿地、其他建设用地（包括广场、道路等）；根据目标特征，进行影像多尺度分割，建立目标对象的光谱与空间属性率，在此基础上，对于不同的地物，采用不同的分类依据，提取建筑物时，采用标准最邻近距离法，将影像多波段的光谱值、对象的形状指数（包括长宽比、最长边界长度等）均作为其分类成员函数库；提取建筑物阴影时，主要利用隶属度函数与建筑物的相邻关系及多波段的光谱值范围来区分；利用解译结果对建筑的密度进行计算，采用的是传统的建筑物面积/统计区域单位面积的方法，即先勾绘出每一建筑物的轮廓界线，并计算建筑物占地面积，然后利用街区分布图统计每一单位面积内建筑物的密度。计算容积率所采用的方法是阴影长度法，具体思路是：提取建筑物阴影的长度，根据遥感影像上阴影与物体高度的几何关系来反演建筑物高度，除以平均楼层高度得出每幢建筑物的楼层数，从而计算得出建筑总面积，再用每单位区域内的建筑总面积除以单位区域面积得到建筑容积率的分布图像（本书采用的平均楼层高度值为 2.8m），将含有建筑楼层数的阴影图层和含有建筑底面积的建筑物图层都准备好后，进行建筑楼层数和建筑物底面积的乘积运算。将两层图的对象一一对应，即每个阴影都找到属于自己的建筑物，将阴影宽度推导出的楼层数赋给相应的建筑物，然后用每幢楼的底面积乘以楼层数得到该幢楼的建筑总面积。

4.1.2　微观尺度指标监测技术

1. 耕地变化

耕地变化监测技术同中观尺度。

2. 土地利用集约度

研究人员设计了土地利用集约度调查问卷表格，获取观测村的耕地复种指数、化肥使用量、农药使用量、除草剂用量和机械总动力等指标。

3. 农用地流转状况

研究人员设计了农用地流转状况调查问卷表格，采用问卷调查的方法开展农用地租赁价格、劳动力价格和撂荒土地面积等农用地流转状况指标的调查。

4.2　土地资源质量监测技术

观测站点的土地资源质量将从 3 个方面进行监测：一是针对不易变化的土地质量指标，采用固定样点调查方法开展土地基础背景调查；二是利用高分辨率多光谱遥感影像计算获取 NDVI，在固定样点测量作物千粒重以获取作物长势监测指标信息；三是采用实地样点调查方法获取全量氮磷钾、有机质、土壤水分、土壤铵态氮、土壤硝态氮、土壤含盐量等指标信息。

4.2.1　中观尺度指标监测技术

土地资源质量中观尺度监测指标是反映作物长势的 NDVI。获取该指标的技术流程为：获取研究区作物生长期多期相近时相的多波段遥感数据，对遥感影像进行辐射校正、几何校正等预处理，利用多波段影像中的红色波段和近红外波段及 NDVI 计算公式来获取研究区的 NDVI。

4.2.2　微观尺度指标监测技术

土地资源质量微观尺度监测指标主要包括土地基础背景（耕作层厚度、障碍层厚度、土地构型、土壤质地、坡度、高程）、作物长势（千粒重）、土壤［土壤有机质、土壤水分（雨季和旱季）、土壤铵态氮、土壤硝态氮、土壤含盐量］、秸秆还田率、作物年产量等指标，对于这些指标的监测方法是固定样点采样和调查。

对于土地基础背景的耕作层厚度、障碍层厚度、土地构型、土壤质地等，主要通过在样点村监测地块利用土钻采样，然后对样品进行实验室分析来获取；对于千粒重，通过在作物获得时在样点村监测地块获得作物籽粒，然后进行多次称重并取其平均值的方法获取；对土壤有机质、土壤水分（雨季和旱季）、土壤铵态氮、土壤硝态氮、土壤含盐量等指标，均通过在相应时段采样，并进行实验室分析获取；秸秆还田率、作物年产量通过监测点问卷调查方法获取。

4.3　土地资源生态状况监测技术

从 3 个方面对观测点的耕地资源生态状况进行监测，一是基于样点的土壤污染监测；二是遥感与样点监测相结合，开展土地生态状况监测；三是秸秆还田率、作物年产量通过问卷调查取得。

4.3.1　中观尺度指标监测技术

中观尺度监测指标包括植被覆盖度、生物量、渠网密度、林网密度、叶面积指数、光合有效辐射、城市绿地、城市水面、非渗透地表、指示种等指标。具体监测技术分述如下。

1. 植被覆盖度遥感监测方法

以研究区 TM/ETM+、SPOT 等多波段中高分辨率遥感影像为数据源，结合地面调查和采样，提取植被覆盖度。

植被覆盖度信息提取的具体方法为：将预处理好的多波段遥感影像与对应区域的土地利用图叠加，利用掩膜方法分别获取林地、草地、耕地、园地等不同类型的植被原始影像图。依据植被覆盖度计算方法，得到不同土地利用类型的植被覆盖度。基于实地观测和像元阈值确定，划分植被覆盖度等级（高覆盖度、中覆盖度、低覆盖度 3 个等级）。把各种土地利用类型的植被覆盖度影像图叠加，获得本区域的植被覆盖度等级图。

2. 耕地、林地、草地生物量遥感监测方法

本书利用遥感数据，结合相关的野外调查数据，研究区域耕地、林地、草地生物量的遥感监测方法。

技术流程：搜集遥感数据并对其进行预处理，为确立估算模型，首先需要根据野外调查的数据计算样点植被的生物量，将其作为生物量的已知值；然后确定样点生物量与遥感影像上样点处各种植被指数的关系，进而确定每种植被生物量的估算模型，利用模型和遥感数据监测区域生物量。

3. 渠网、林网密度遥感监测方法

渠网密度遥感监测方法：本书综合考虑各类线状地物提取方法的优势，针对农田灌排沟渠的特点，在获取灌排沟渠光谱区间的基础上，引入 Canny 算子对提取结果进行修正，提出一种高分辨率遥感影像灌排沟渠提取方法。具体流程：首先对高分辨率遥感影像中灌排沟渠的光谱阈值区间进行初步分析，选取典型样本，通过分析获得灌排沟渠分割的光谱阈值，然后利用该阈值初步提取研究区的灌排沟渠，另外，为了更好地减少研究区域小块高亮建筑的影响，在光谱阈值选取之后，加入延伸度指标值，根据研究区域的实际情况，设定延伸度大于 5；采用中值滤波的方法去除噪声，中值滤波器的中值来代替中央像元值；影像上的部分灌排沟渠被行道树等植被覆盖，仅采用上述方法步骤不能完全提取信息，因此利用边缘检测算子进行补充。在采用 Canny 算子对其未被遮蔽部分边缘进行检测的基础上，对其被遮蔽部分进行补充提取，通过该方法，对于沟渠交叉曲率较大的沟渠处，也能有效提取信息；提取区域沟渠后，进一步计算沟渠密度。

林网密度遥感监测方法：获取农田林网现状信息及适宜的建设林网道路密度的提取需要高分辨率遥感影像。机耕道、村际道路宽度及林木树冠直径均为数米级别，若需准确判读单株树木和适宜的机耕道，遥感影像分辨率需达到亚米至米级水平。平原区农田林网依附于机耕道和村际公路两侧构建，这是本书用以提取林网密度的重要依据：通过高分辨率遥感影像解译，提取已种植树木路段的长度，并据此获得区域现有林网建设密度；考虑到全域目视解译的工作量极大，本书选定若干典型样区，采用目视解译获得农田林网现状，以此代表区域农田林网建设的平均状况，然后结合区域耕地的分布数据，计算全域农田林网建设现状。

4. 叶面积指数遥感监测方法

目前主要有两种遥感方法可用来估算叶面积指数，一种是统计模型法，主要是将遥感图像数据，如 NDVI、比植被指数（RVI）和垂直植被指数（PVI）与实测数据建立关系模型。这种方法输入参数单一，不需要复杂的计算，因此是遥感估算的常用方法。但不同植被类型的 LAI 与植被指数的函数关系会有所差异，在使用时需要重新调整、拟合。另一种是光学模型法，它基于植被的双向反射率分布函数，是一种建立在辐射传输模型基础上的模型，它把 LAI 作为输入变量，采用迭代的方法来推算 LAI，这种方法的优点是有物理模型基础，不受植被类型的影响，然而此模型过于复杂，反演非常耗时，且反演估算 LAI 过程中有些函数并不总是收敛的。本书采用第一种统计模型法来监测研究区叶面积指数。

5. 光合有效辐射遥感监测方法

随着遥感技术的不断发展，遥感成为获取较高分辨率 PAR 的一种可行性方法。而从遥感的反演过程中可以看到，利用遥感进行 PAR 估算的方法研究的总体思路是建立遥感反演模型，解决光合有效辐射从地面观测向卫星遥感测量的时空尺度转化问题，是实现生态系统模型中自上而下的遥感反演模型与自下而上的过程模型有机结合的关键步骤。早期基于 PAR 的遥感估算方法的主要思想延续了传统方法中的统计方法与模型参数法，随后又发展了以辐射传输模型为基础的查找表法。所以，可以把基于遥感的 PAR 估算方法分为转换系数法、模型参数法、查找表法及其他方法。转换系数法是气候学方法的延续。MODIS、AVGTATION 等遥感数据的出现，更好地丰富了区域性与全球范围信息的获取方法，促进了较高空间分辨率 PAR 的估算。在研究方法上，逐渐避开转换系数法，而直接利用遥感数据进行 PAR 的估算。目前主要有两类不同的估算方法：①基于遥感的模型参数法；②基于查找表的估算方法。基于遥感的模型参数法与传统方法的参数法原理是一样的，太阳下行辐射是直射光辐照度与散射光辐照度的总和。两者都受到了大气环境因素，如气溶胶、云等的影响，因此只要利用遥感数据获取气溶胶厚度、大气含水量、云等大气环境参量，便能估算 PAR 所在的不同波段的太阳下行辐射，从而通过积分得到 PAR。

6. 城市绿地、城市水面、非渗透性表面遥感监测方法

监测城市绿地、城市水面和非渗透性表面一般采用遥感解译方法来进行。传统的遥感影像解译方法只利用像素的光谱信息，很多地物，如城市建筑物、道路和停车场等具有相似的光谱特征，往往得不到令人满意的分类。但面向对象的遥

感影像分类方法并不直接对像素进行分类，而是利用影像分割手段按一定的标准将像素聚合成代表不同类型地物的影像对象，再对其进行分类，根据像素的光谱信息及真实世界地物的形状特征和邻近关系特征，引入模糊逻辑规则对分类进行描述，使易混淆的地物信息容易被提取，极大地提高了影像的分类精度。技术流程：对遥感影像进行预处理后，根据土地利用数据对研究区居民点遥感图像进行裁切，形成以居民点为单位的遥感影像单元。在分类过程中，根据对象的特征信息和地物及其子类的定义，以及地物与地物间的关系，建立分类层次结构，在一级分类中，利用大尺度分割方法将图像分割为水面和非水面，这样可以把图像中的水面提取出来，直接将其划分到耕地中去；在二级分类中，利用小尺度分割将非水面对象进一步分为绿地、非绿地。然后将绿地合并、非绿地合并。

7. 指示种遥感监测方法

对于区域指示种的遥感监测，主要通过高分辨率遥感影像获取研究区指示种的信息并监测其长势，其长势主要通过 NDVI 来反映，具体见土地资源质量监测部分关于 NDVI 的获取流程。

4.3.2 微观尺度指标监测技术

土地资源生态微观尺度监测指标主要包括有机污染和重金属污染等指标，对于这些指标的监测方法是固定样点采样与室内分析，在相应时段采样后，进行实验室分析获取。

第5章 中部粮食主产区典型区域土地资源综合监测分析

5.1 中部粮食主产区典型区域土地利用现状分析

1. 土地利用结构分析

2010 年新郑市土地总面积为 88459.15 hm², 其中农用地面积为 65053.88 hm², 建设用地面积为 21133.68 hm², 其他土地面积为 2221.59 hm², 分别占全市土地总面积的 73.54%、23.95% 和 2.51%（表 5-1）。

表 5-1 新郑市 2010 年土地利用现状表

一级类	二级类	三级类	面积/hm²	比例/%
农用地	耕地	水田	251.36	0.28
		水浇地	48030.27	54.3
		旱地	5372.94	6.07
		小计	53654.57	60.65
		园地	1741.11	1.97
		林地	6288.57	7.11
		牧草地	0	0
	其他农用地	设施农用地	780.5	0.88
		农村道路	1309.44	1.48
		坑塘水面	110.48	0.12
		农田水利用地	193.81	0.22
		田坎	975.4	1.1
		小计	3369.63	3.80
	合计		65053.88	73.54
建设用地	城乡建设用地	城市	1783.10	2.02
		建制镇	4550.43	5.14
		农村居民点用地	11388.15	12.87
		采矿用地	302.64	0.34
		其他独立建设用地	0	0
		小计	18024.32	20.37

续表

一级类	二级类	三级类	面积/hm²	比例/%
建设用地	交通水利用地	铁路用地	265.34	0.30
		公路用地	1520.65	1.72
		机场用地	612.78	0.69
		管道运输用地	1.96	0
		水库水面	363.61	0.41
		水工建筑用地	30.03	0.03
		小计	2794.37	3.16
	其他建设用地	风景名胜及特殊用地	364.99	0.41
		盐田	0	0
		小计	364.99	0.41
	合计		21183.68	23.95
其他土地	水域	河流水面	1539.41	1.74
		湖泊水面	0	0
		滩涂	0	0
		小计	1539.41	1.74
	自然保留地	其他草地	587.5	0.66
		其他自然保留地	94.68	0.11
		小计	682.18	0.77
	合计		2221.59	2.51
土地总面积			88459.15	99.98

注：本表数据计算均取两位小数，因此误差为 0.01%~0.02%。

1）农用地

新郑市 2010 年耕地面积为 53654.57 hm²，园地面积为 1741.11 hm²，林地面积为 6288.57 hm²，其他农用地面积为 3369.63 hm²，分别占全市土地总面积的60.65%、1.97%、7.11%和3.81%。

2）建设用地

新郑市 2010 年城乡建设用地面积为 18024.32 hm²，占全市土地总面积的20.37%。其中城市面积为 1783.10 hm²，占土地总面积的 2.02%；建制镇面积为4550.43 hm²，占土地总面积的 5.14%；农村居民点面积为 11388.15 hm²，占土地总面积的 12.87%；采矿用地面积为 302.64 hm²，占土地总面积的 0.34%。交通水利用地面积为 2794.37 hm²，占全市土地总面积的 3.16%。其中铁路用地面积为265.34 hm²，占土地总面积的 0.30%；公路用地面积 1520.65 hm²，占土地总面积的 1.72%；水工建筑用地面积为 30.03 hm²，占土地总面积的 0.03%。其他建设用地 364.99 hm²，占土地总面积的 0.41%。

3）其他土地

水域（河流水面）面积为 1539.41 hm²，占全市土地总面积为 1.74%；自然保留地面积为 682.18 hm²，占全市土地总面积的 0.77%。

2. 土地利用特点分析

1）地貌类型多样，区域差异较大

新郑市地处豫西山区向豫东平原的过渡地带，有浅山丘陵区、黄土低丘岗区、丘岗风沙区，还有冲积平原区。

2）土地自然环境条件欠佳

土地自然环境条件欠佳具体表现在两个方面：一是浅山丘陵区面积较大，水土流失较严重，全市浅山丘陵区和沙岗洼地面积占全市土地总面积的 85.54%，由于浅山丘陵区植被覆盖差，加之沙岗地风沙土面积大，土质疏松，全市水土流失和风蚀较严重。二是全市水资源总体较缺乏，对农业生产影响较大。据测算，市域水资源总量为 1.96 亿 m³，其中地表水 1.18 亿 m³，地下水 0.78 亿 m³。人均水资源占有量为 336 m³，低于全省平均水平，与全国平均水平相差更多。从分布情况看，平原区地表水、地下水均较为富裕，浅山丘陵区地表水、地下水均明显不足，其中浅层地下水极贫水区分布在浅山区和部分丘陵区，面积占全市土地总面积的 6.3%，贫水区主要分布在岗丘区，面积占全市土地总面积的 44.3%。

3）土地利用受区位条件的影响较大

新郑市区位条件比较优越，处于中原城市群的核心圈层内，是郑州通往南部的门户，交通四道八达，是国家交通建设和郑州市区产业扩散的重点地区，受郑州市区的辐射带动，加之本身的发展基础，新郑市工业化、城镇化发展迅速。全市城镇用地及以国道、机场为主的基础设施建设用地增长迅速。

4）土地利用率高，适宜开发的土地极其有限

新郑市地处豫西山区向豫东平原的过渡地带，土地利用率高达 97.49%，比全省 95.8% 的土地利用率高 1.69 个百分点，比郑州市 89.31% 的土地利用率高 8.18 个百分点。其他土地中的自然保留地面积为 682.18 hm²，仅占全市土地总面积的 0.77%。从生态保护和生态建设出发，县域的其他土地主要用于生态环境系统建设，以保护为主，土地开发潜力极小。

5）耕地比重大，耕地质量有一定的提升空间

新郑市土地垦殖率高达 60.65%，比郑州市 44.62% 的土地垦殖率高 16.03 个百

分点，比全省 49.36%的土地垦殖率高 17.83 个百分点，比郑州市 44.62%的土地垦殖率高 16.03 个百分点。全市耕地中高产田面积为 15690.24 hm²，占耕地总面积的 29.24%；中产田面积为 37964.33 hm²，占 70.76%。通过高标准基本农田建设和中产田改造，不断加大物质投入和科技投入，耕地质量可进一步提高。

6）农村建设用地比重大，整治潜力巨大

新郑市农村居民点用地面积为 11388.15 hm²，占土地总面积的 12.87%，比郑州市 14.36%的平均值略低，比全省 9.35%的平均值高出 3.52 个百分点。2010 年新郑市农村人口为 37.37 万人，人均农村建设用地面积为 304.77 m²，远高于国家 140 m² 的人均最高用地标准，农村建设用地集约水平低。若通过农村建设用地整治，将人均建设用地面积降低至 200 m²，可腾退出 3914.83 hm² 的农村建设用地；若人均建设用地面积降低至 140 m²，则可腾退出 6156.83 hm² 的农村建设用地。农村建设用地整治潜力巨大。

5.2　中观尺度（县域及乡镇）数量-质量-生态变化监测分析

基于中部粮食主产区的土地资源数量-质量-生态状况监测指标体系及监测技术，以新郑市域及新郑市所辖乡（镇）为中观尺度对新郑市 12 个乡镇的土地资源数量-质量-生态变化状况进行了监测分析，监测频次为每年一次，共监测了 3 个周期。

中观尺度监测：中观尺度主要从新郑市市域及新郑市所辖乡镇、行政村等层面对相关监测指标数据进行分析。

1. 土地数量变化监测分析

1）耕地利用变化

监测发现 2012~2014 年新郑市耕地总体呈减少态势，从 2012 年的 53654.57 hm² 减少到 2014 年的 51824.93 hm²，累计净减少 1829.64 hm²（图 5-1）。其中孟庄镇减少最多，达 417.12 hm²；其他依次为，薛店镇减少 344.82 hm²，龙湖镇减少 286.98 hm²，而新郑市区所辖乡镇（办事处）由于其自身发展及功能定位、原有耕地面积较少等，研究时段内耕地面积减少得相对较少。从区域上看，耕地面积减少最多的是郑州航空港经济综合实验区，孟庄镇、郭店镇、龙湖镇等为该地区的飞速发展提供了土地支撑。同时，耕地面积减少最多的为水浇地，占耕地减少总量的 87%，这与新郑市以水浇地为主的耕地类型特点一致。

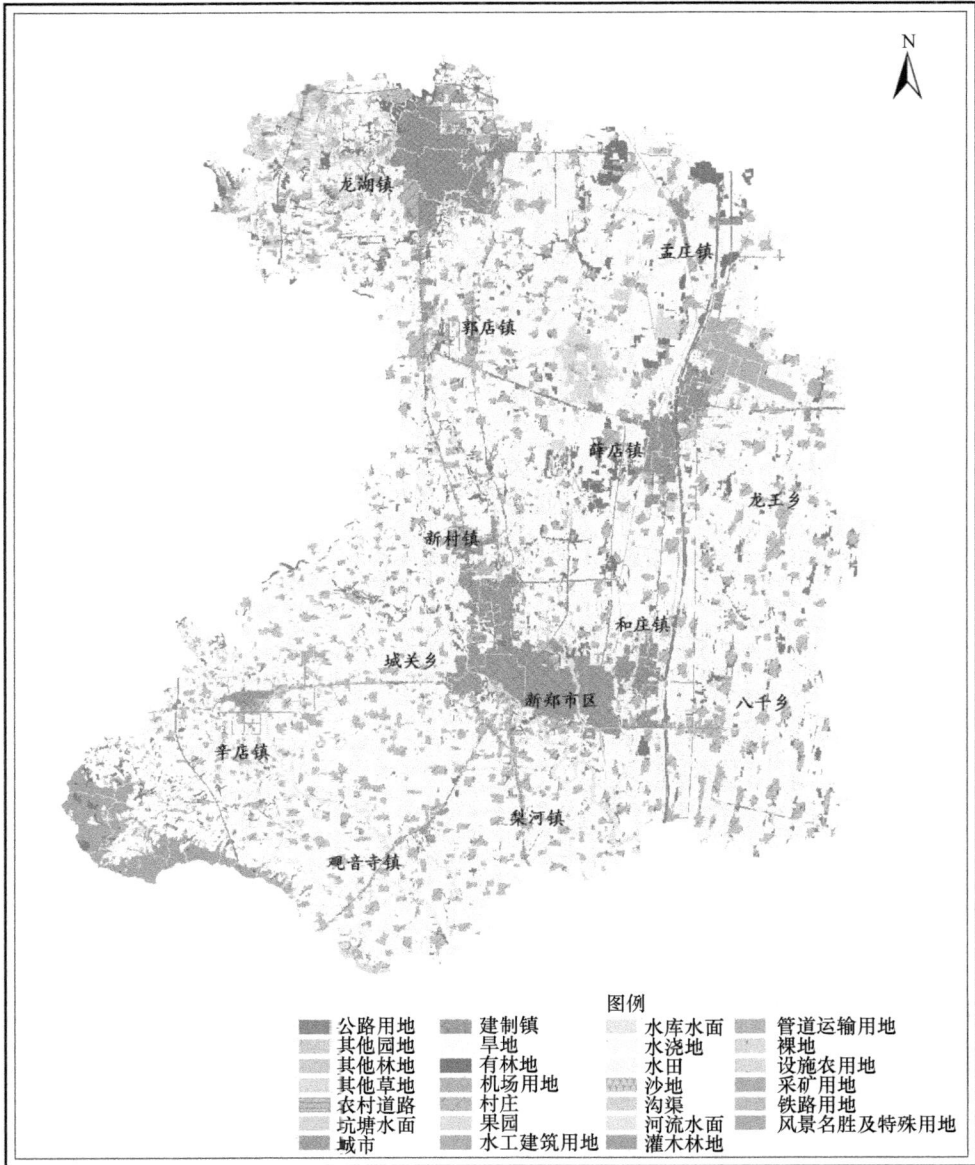

图例

公路用地	建制镇	水库水面	管道运输用地
其他园地	旱地	水浇地	裸地
其他林地	有林地	水田	设施农用地
其他草地	机场用地	沙地	采矿用地
农村道路	村庄	沟渠	铁路用地
坑塘水面	果园	河流水面	风景名胜及特殊用地
城市	水工建筑用地	灌木林地	

2012年12月　绘制　　　　　　1∶150000　　　　　　河南省国土资源调查规划院　制图

(a) 2012年度

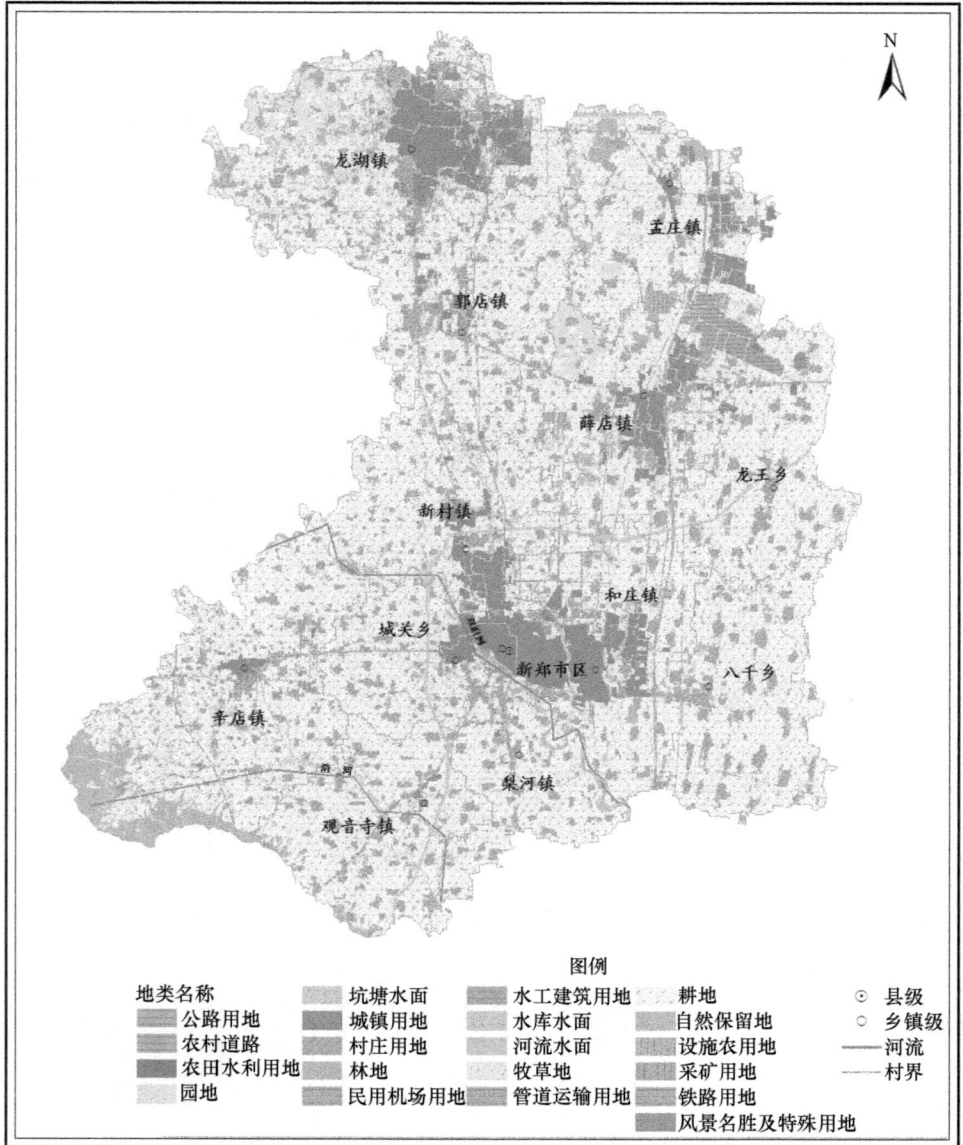

N

图例

地类名称				
公路用地	坑塘水面	水工建筑用地	耕地	⊙ 县级
农村道路	城镇用地	水库水面	自然保留地	○ 乡镇级
农田水利用地	村庄用地	河流水面	设施农用地	—— 河流
园地	林地	牧草地	采矿用地	—— 村界
	民用机场用地	管道运输用地	铁路用地	
			风景名胜及特殊用地	

2013年12月 绘制　　　　1∶150000　　　　河南省国土资源调查规划院 制图

(b) 2013年度

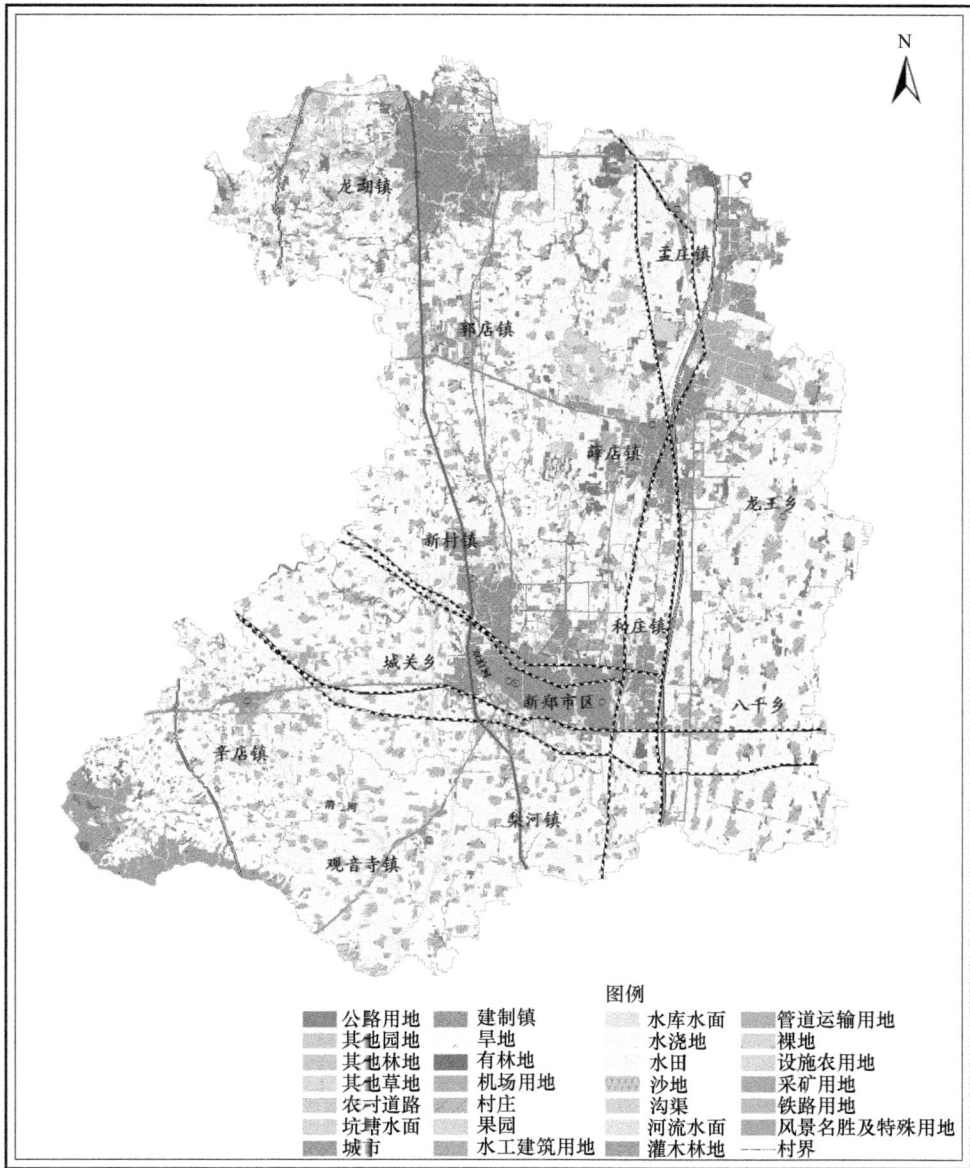

图例

公路用地	建制镇	水库水面	管道运输用地
其他园地	旱地	水浇地	裸地
其他林地	有林地	水田	设施农用地
其他草地	机场用地	沙地	采矿用地
农村道路	村庄	沟渠	铁路用地
坑塘水面	果园	河流水面	风景名胜及特殊用地
城市	水工建筑用地	灌木林地	———— 村界

2014年12月 绘制 　　　　1∶150000　　　　河南省国土资源调查规划院 制图

(c) 2014年度

图 5-1　新郑市土地利用现状示意图

2）土地利用集约度

2010 年新郑市耕地面积为 53654.57 hm²,当年农作物总播种面积为 80670 hm²,

据测算 2010 年新郑市复种指数为 150%。

2. 土地资源质量变化

1）土壤基础背景数值

根据新郑市第二次土壤普查结果可知，全市土壤有机质含量偏低，平均为 0.85%，变化幅度为 0.63%~0.95%，其中有大部分在 0.4%~0.8%。各类土壤中以立黄土、赤金土和少量砂姜粒黄土含量最高，平均含量为 0.95%；其次是黄土和黄善土，平均含量为 0.92%；含量最低的是砂土和复砂粒黄土，平均含量为 0.63%。各土壤中有机质的含量差异不大。新郑市土壤 pH 在 6.7~8.5，属于中性和微碱性。各类土壤耕层中的 pH 酸碱度差异不大。

新郑市属于豫西山区向豫东平原过渡地带，市域西部和中部浅山连绵，丘陵起伏，沟壑纵横，海拔多在 200 m 以上，属于豫西山区范畴；东部为黄河古阶地，岗洼相间，地势较平缓，海拔一般为 100~150 m，属于黄淮海平原一隅。全市总的地势是西高东低，中部高，南北低，成倒"T"形。自然坡降为 1/1600~1/200。

2）土壤有机质

土壤有机质是土壤的重要组成成分，与土壤的发生、演变，以及土壤肥力水平和土壤的许多其他属性有密切的关系。土壤有机质含有作物生长所必需的多种营养元素，分解后可直接为作物生长提供营养元素；土壤有机质具有改善土壤理化性状，影响和制约土壤结构形成及通气性、渗透性、缓冲性、交换性能和保水保肥性能，是评价耕地地力的重要指标。

本次耕地地力调查中共化验分析耕层土样 6350 个，土样分析后，剔除异常值，保留 6300 个土样数据。有机质平均含量为 15.58g/kg，变化范围为 4.5~29.2g/kg，标准差为 3.1，变异系数为 0.2，详见表 5-2。较全国第二次土壤普查（8.5g/kg）增加了 7.09g/kg。

表 5-2　土壤有机质含量统计表

项目	最小值/（g/kg）	最大值/（g/kg）	平均值/（g/kg）	标准差	变异系数
指标	4.5	29.2	15.58	3.1	0.2

土壤有机质的积累与矿化是土壤与生态环境之间物质和能量循环的一个重要环节。从行政区域看，观音寺镇、辛店镇、梨河镇、城关乡等土壤有机质含量较高，平均值大于 17.40 g/kg，最低的是孟庄镇，有机质平均值为 10.96 g/kg。其他乡（镇）有机质平均值在 13.53~15.93 g/kg。根据河南省土壤有机质的分级标准，新郑市耕层土壤有机质含量分五级，本次调查有机质含量大于 20.00g/kg 的占 6.35%；17.00~20.00g/kg 的占 26.94%；14.00~17.00g/kg 的占 36.10%；10.00~14.00g/kg 的

占 25.51%；小于等于 10.00g/kg 的占 5.10%。与全国第二次土壤普查相比，全市土壤有机质含量有所提高，全国第二次土壤普查结果是 49.60%的地区土壤有机质含量都低于 8.00g/kg，而此次调查数据显示，5.10%的地区土壤有机质含量低于 10.00g/kg。全国第二次土壤普查结果显示，49.33%的地区土壤有机质含量在 8.00~15.00g/kg，此次调查数据显示，61.61%的地区土壤有机质含量都在 10.00~17.00g/kg；其余 26.94%的地区土壤有机质含量在 17.00~20.00g/kg，更有 6.35%的地区土壤有机质含量大于 20.00g/kg。与全国第二次土壤普查相比，土壤有机质含量有了大幅度提高，全国第二次土壤普查土壤有机质含量大于 15g/kg 的只占土壤总面积的 1.07%。详见表 5-3 和图 5-2。

表 5-3　各乡（镇）耕层土壤有机质分析统计表

乡镇	平均值/（g/kg）	最大值/（g/kg）	最小值/（g/kg）	分级面积占比/%				
				一级 >20.00 g/kg	二级 17.00~20.00 g/kg	三级 14.00~17.00 g/kg	四级 10.00~14.00 g/kg	五级 ≤10.0 g/kg
城关乡	17.43	25.9	11.1		0.06	2.70	2.21	0.55
观音寺镇	19.37	26.2	8		0.36	0.68	3.09	3.99
郭店镇	15.4	27.9	5.3	0.04	2.12	5.50	1.84	0.07
和庄镇	15.93	25.3	6.8	0.08	1.98	2.37	2.55	0.18
梨河镇	17.39	22.5	11.6		0.09	1.64	3.22	0.15
龙湖镇	15.84	23.2	8.9	0.04	1.04	6.25	1.98	0.12
八千乡	14.89	19.7	10.4		3.16	4.61	0.64	
龙王乡	13.76	19.6	8	0.02	5.40	2.83	0.07	
孟庄镇	10.96	18.3	5		3.53	5.32	0.60	
辛店镇	18.22	29.2	10.6		0.10	2.97	8.94	1.27
新村镇	15.53	21.2	4.5	0.46	1.08	3.94	2.02	0.01
薛店镇	13.53	22.6	6.6	0.91	4.81	2.03	0.38	
全市	15.59	29.2	4.5	6.35	26.94	36.10	25.51	5.10

3）土壤全氮

土壤中氮素是提高粮食产量的重要因素，土壤全氮是土壤供氮能力的重要指标，在生产实际中有着重要意义。新郑市耕层土壤全氮平均值为 0.79 g/kg，变化范围为 0.61~0.91g/kg，标准差为 0.13，变异系数为 0.16，较全国第二次土壤普查提高了 0.5g/kg，详见表 5-4。

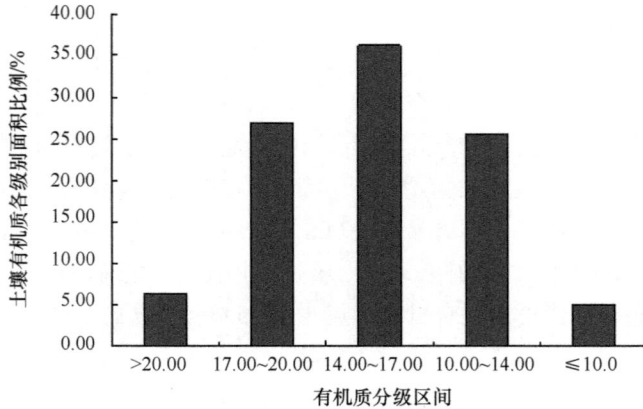

图 5-2　新郑市土壤有机质分级面积比例图

表 5-4　土壤全氮含量统计表

项目	样点数量/个	平均值/（g/kg）	最小值/（g/kg）	最大值/（g/kg）	标准差	变异系数
指标	5730	0.79	0.25	1.4	0.13	0.16

　　从行政区域看，观音寺镇和梨河镇全氮含量平均值较高，全氮含量分别为 0.9g/kg 和 0.88g/kg；孟庄镇和薛店镇全氮含量较低，全氮含量分别为 0.61g/kg 和 0.67g/kg；全市全氮含量主要集中在 0.75~1.00g/kg，按面积分级统计计算占 62.90%。根据河南省土壤全氮的分级标准，新郑市耕层土壤全氮含量分五级，本次调查全氮含量大于 1.00g/kg 的占 2.17%；0.75~1.00g/kg 的占 62.90%；0.60~0.75g/kg 的占 25.58%；0.50~0.60g/kg 的占 6.79%；小于等于 0.50g/kg 的占 2.56%。其中观音寺镇、辛店镇大部分地区全氮含量在 0.75~1.00g/kg，分别占各镇面积的 98.81% 和 85.28%（表 5-5）。

表 5-5　各乡（镇）耕层土壤全氮分析统计表

乡镇	平均值/（g/kg）	最大值/（g/kg）	最小值/（g/kg）	分级面积占比/%				
				一级	二级	三级	四级	五级
				>1.00g/kg	0.75~1.00g/kg	0.60~0.75g/kg	0.50~0.60g/kg	≤0.50g/kg
八千乡	0.8	1.03	0.44	0.20	67.32	30.50	1.97	0.01
城关乡	0.82	1.09	0.51	0.45	81.61	17.74	0.20	—
观音寺镇	0.9	1.22	0.61	1.10	98.81	0.09	—	—
郭店镇	0.76	1.04	0.38	0.04	67.72	26.15	5.68	0.42
和庄镇	0.79	1.25	0.25	2.14	50.90	41.78	4.37	0.81
梨河镇	0.88	1.05	0.51	11.64	82.73	5.60	0.03	—
龙湖镇	0.79	1.05	0.43	0.18	70.71	28.11	0.69	0.30
龙王乡	0.76	1.26	0.28	0.10	51.99	44.93	2.95	0.03

乡镇	平均值/(g/kg)	最大值/(g/kg)	最小值/(g/kg)	分级面积占比/%				
				一级	二级	三级	四级	五级
				>1.00g/kg	0.75~1.00g/kg	0.60~0.75g/kg	0.50~0.60g/kg	≤0.50g/kg
孟庄镇	0.61	0.93	0.32	—	9.53	39.18	34.89	16.40
辛店镇	0.87	1.4	0.49	7.80	85.28	6.51	0.06	0.35
新村镇	0.85	1.15	0.43	3.02	79.49	11.79	5.55	0.15
薛店镇	0.67	1.07	0.29	0.04	14.42	54.22	21.14	10.18
全市	0.79	1.4	0.25	2.17	62.90	25.58	6.79	2.56

3. 土地资源生态变化

1）耕地、林地生物量

图 5-3 表明，新郑市及定位观测站点的耕地、林地生物量总体表现为自北向南、自西向东逐渐递减，新郑市耕地、林地生物量平均为 36.52 t/hm²。其中龙湖镇耕地、林地生物量最大（152.91 t/hm²）。2012~2014 年新郑市耕地、林地生物量稍有减小。

2）植被覆盖度

新郑市植被覆盖度分级如图 5-4 所示。

3）耕地、林地单位面积林网化长度比例

图 5-5 表明，2012 年，新郑市及定位观测站点的耕地、林地单位面积林网化长度比例表现为龙湖镇和薛店镇最高（16.89%~23.62%），八千乡、新郑市区次之（6.19%~9.86%），城关乡和观音寺镇最小（2.93%~6.19%）。2012~2014 年新郑市耕地、林地单位面积林网化长度比例没有太大变化。

4）耕地、林地沟渠密度

图 5-6 表明，新郑市及定位观测站点的耕地、林地沟渠密度表现为八千乡、龙王乡和辛店镇较大（超过 8m/hm²）；新村镇、郭店镇和观音寺镇次之（4~8m/hm²）；龙湖镇最小（0~2m/hm²）。2012~2014 年新郑市耕地、林地沟渠密度没有太大变化。

5）耕地、林地叶面积指数

图 5-7 表明，新郑市及定位观测站点的耕地、林地叶面积指数（LAI）表现为自西向东、自南向北逐渐降低趋势。其中，2014 年度辛店镇的耕地、林地叶面积指数最高（3.34~4.26），其次为观音寺镇、梨河镇、城关乡（2.82~3.34），新郑市区和和庄镇最小（0.64~1.74）。2012~2014 年新郑市北部和东部耕地、林地叶面积指数逐年减小，南部稍有增加。

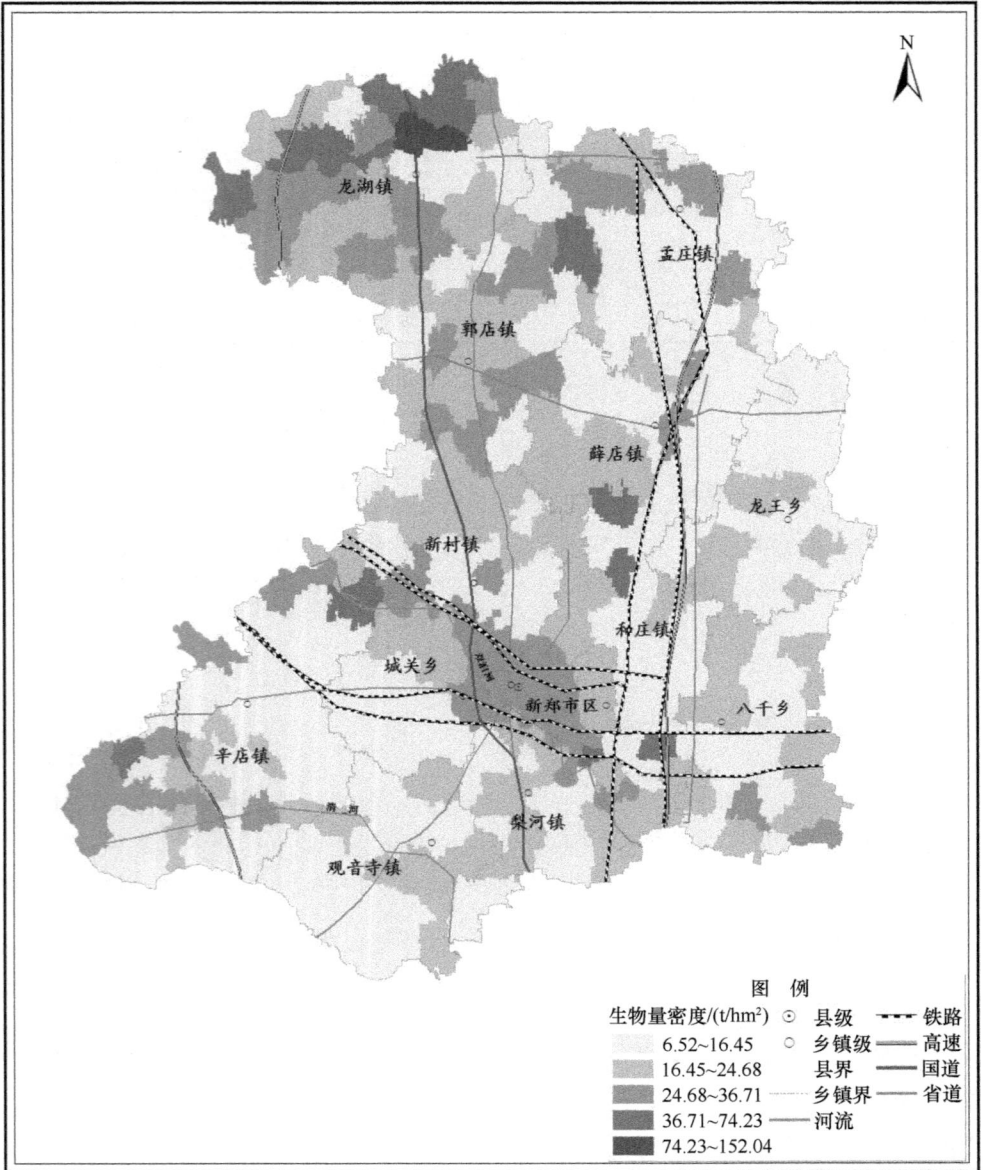

图 例

生物量密度/(t/hm²)　　⊙　县级　　- - - 铁路

　6.52~16.45　　　　○　乡镇级　　——　高速

　16.45~24.68　　　　　　县界　　　——　国道

　24.68~36.71　　　　　　乡镇界　　——　省道

　36.71~74.23　　　　　　河流

　74.23~152.04

2012年12月 绘制　　　　　　　1:150000

中国土地勘测规划院
河南省国土资源调查规划院 制图

(a) 2012年度

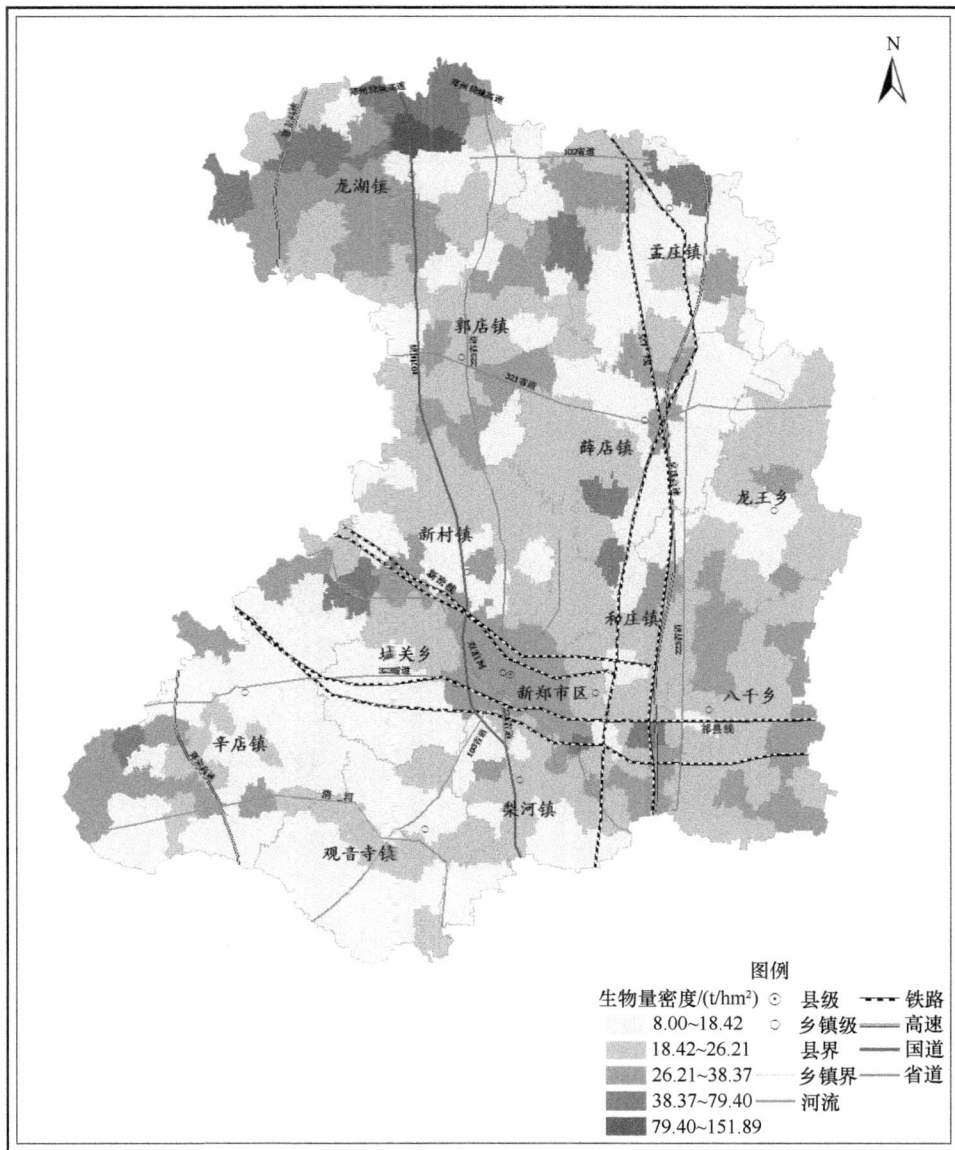

图例

生物量密度/(t/hm²)　　县级　　⊙　　　-----　铁路
　8.00~18.42　　　乡镇级　◎　　　——　高速
　18.42~26.21　　　县界　　　　　　——　国道
　26.21~38.37　　　乡镇界　　　　　——　省道
　38.37~79.40　——　河流
　79.40~151.89

中国土地勘测规划院
河南省国土资源调查规划院　制图

2013年12月 绘制　　　　　　　　1 : 150000

(b) 2013年度

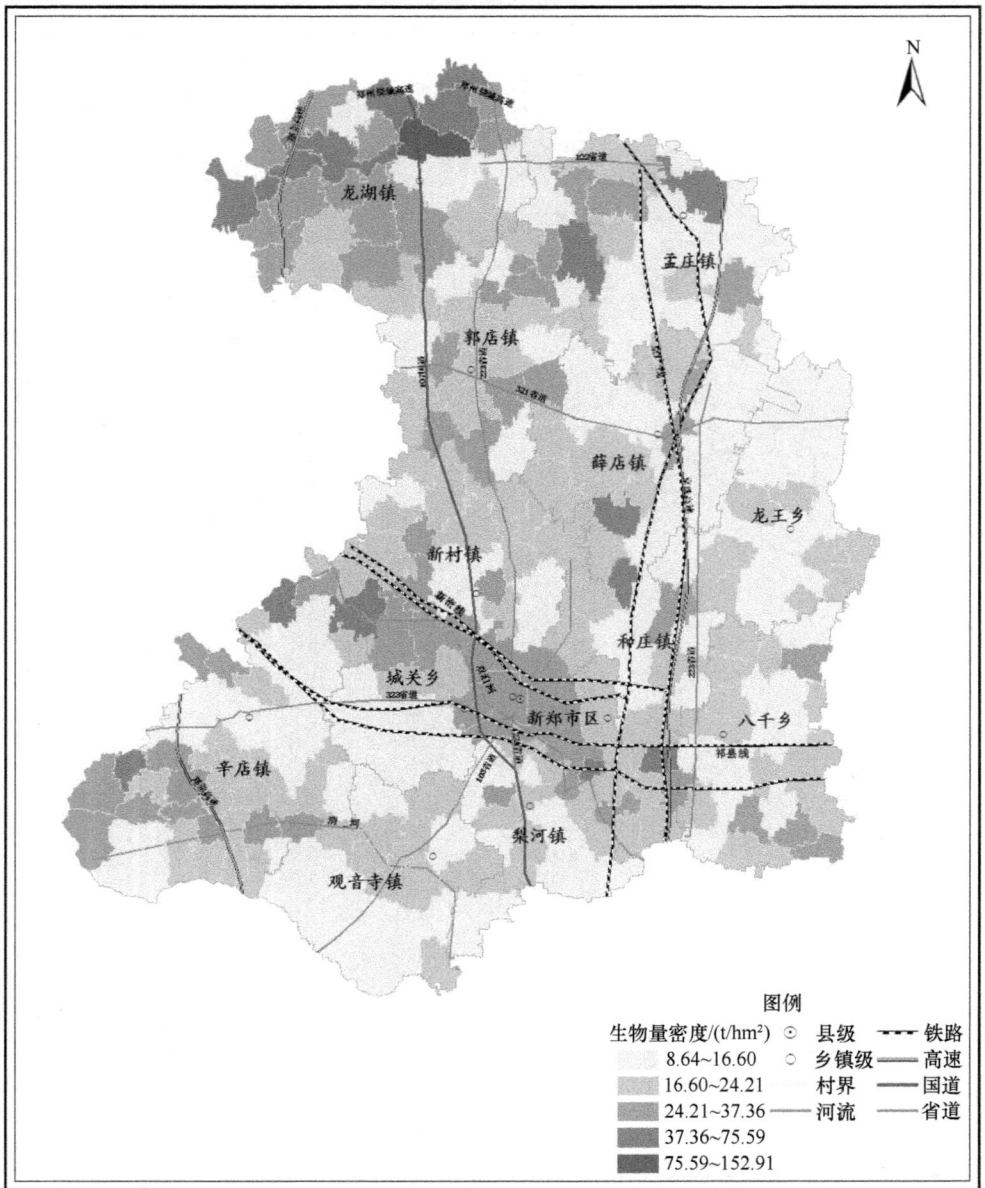

2014年12月 绘制　　　　　　　　1 : 150000　　　　　　　　河南省国土资源调查规划院 制图

(c) 2014年度

图 5-3　新郑市及定位观测站点的耕地、林地生物量分级示意图

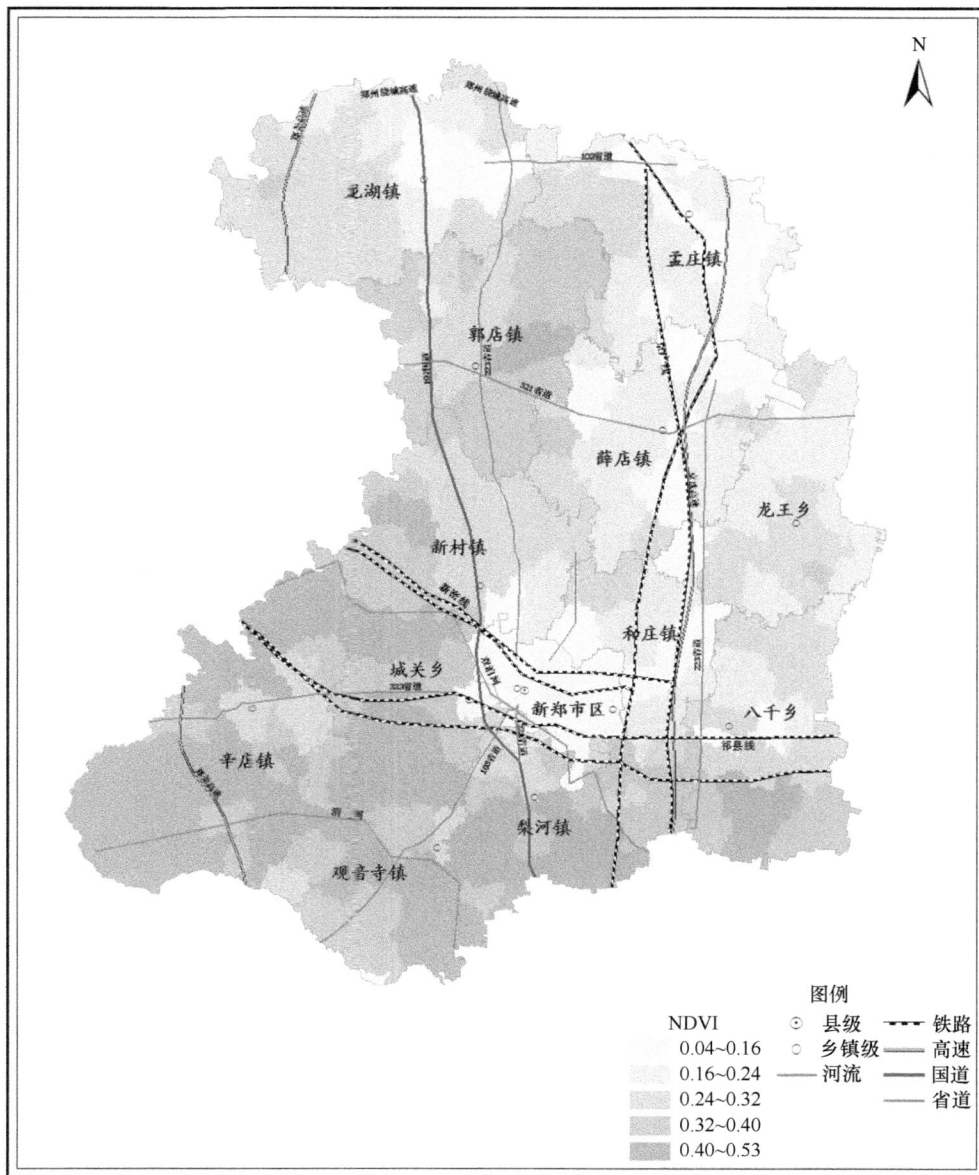

图例

NDVI	县级 ⊙	铁路
0.04~0.16	乡镇级 ○	高速
0.16~0.24	河流	国道
0.24~0.32		省道
0.32~0.40		
0.40~0.53		

2012年12月 绘制 ：150000 河南省国土资源调查规划院 制图

(a) 2012年度

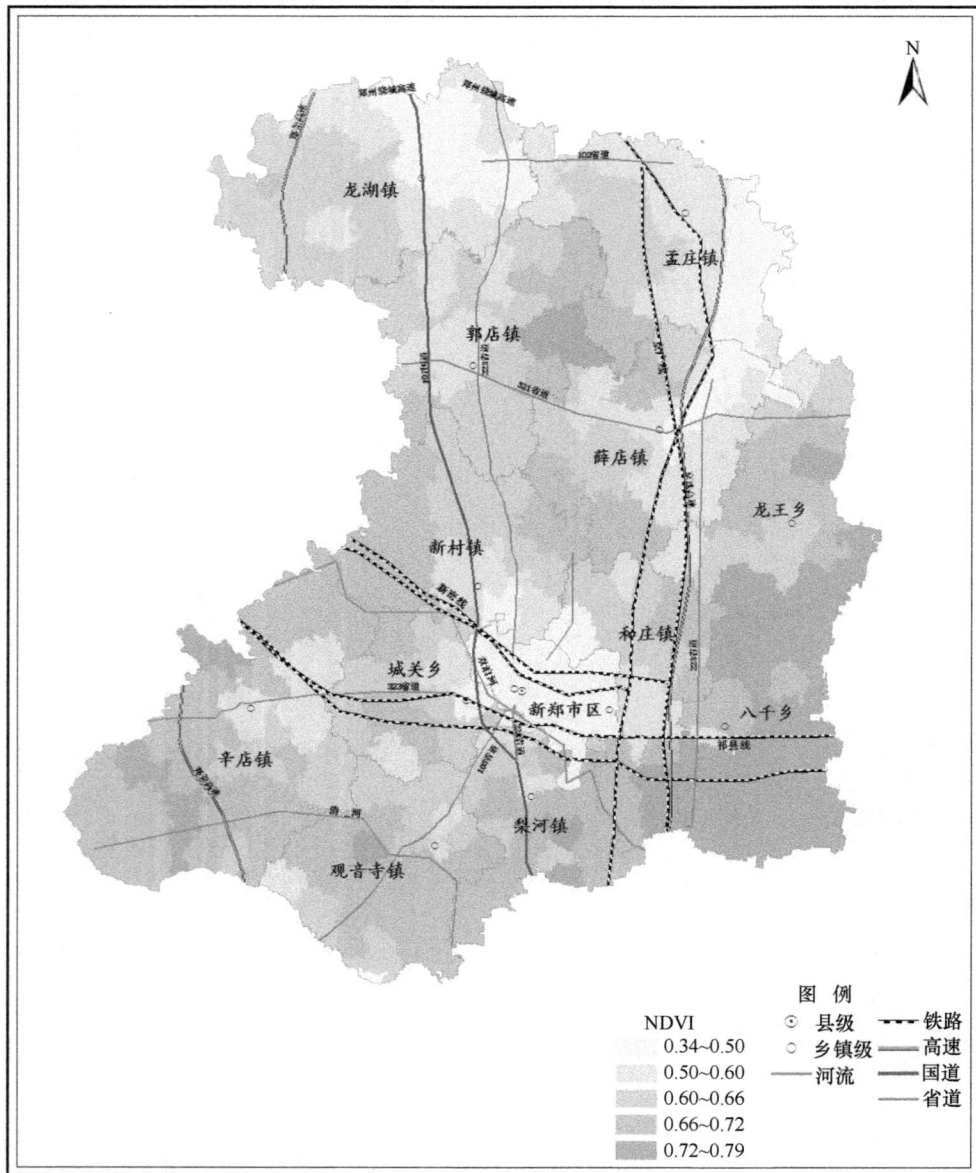

2013年12月 绘制　　　　　　　1：150000　　　　　　河南省国土资源调查规划院 制图

(b)2013年度

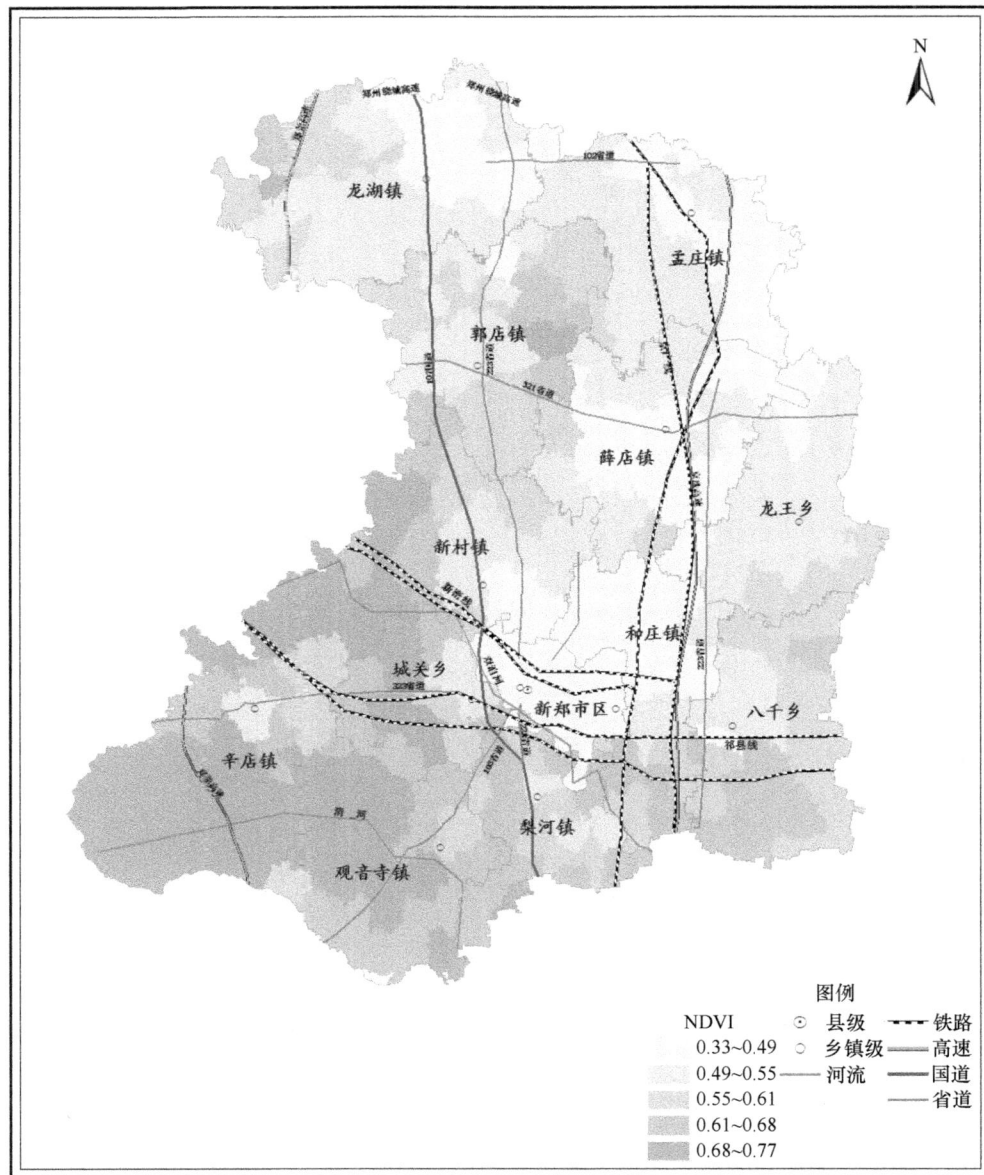

图 5-4　植被覆盖度分级示意图

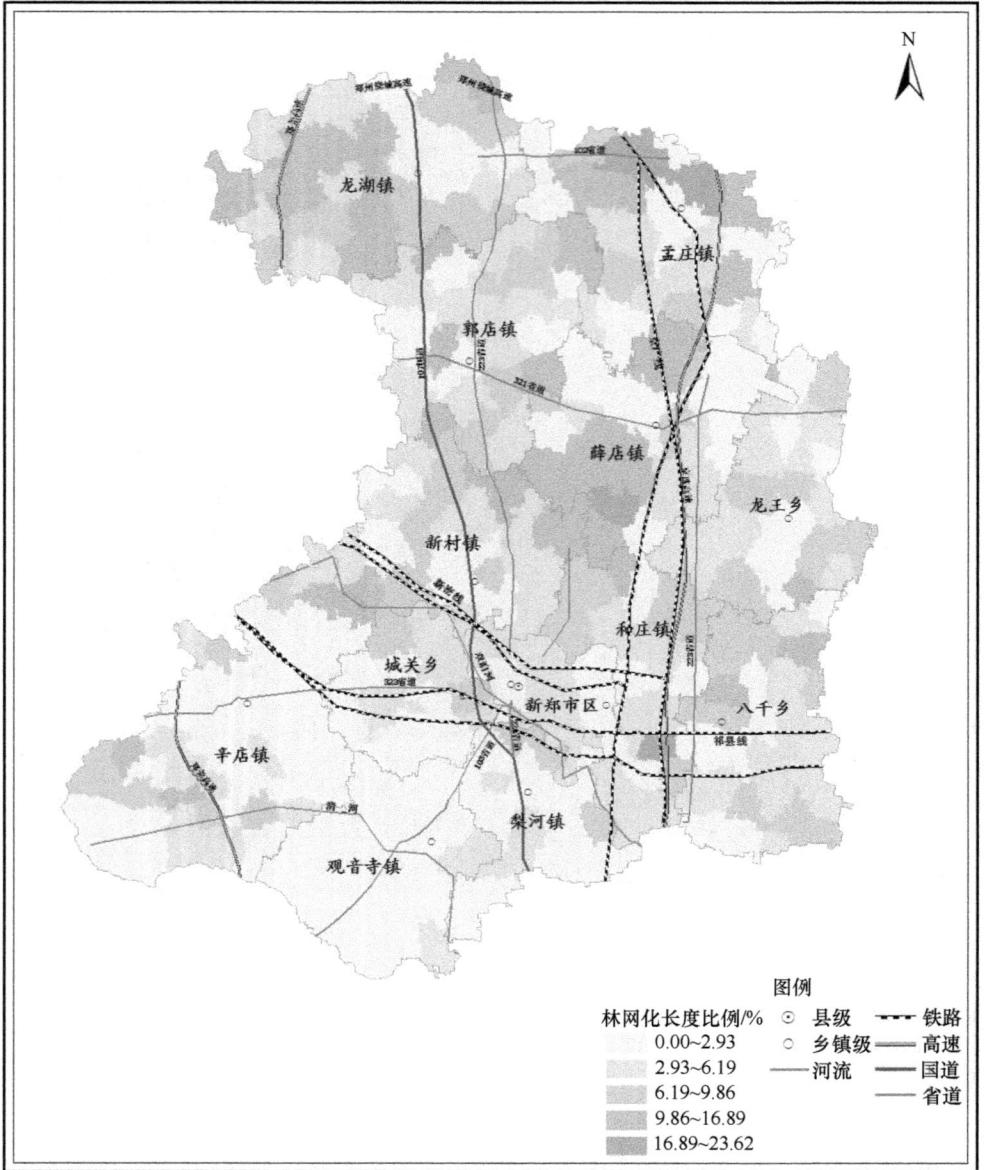

图例

林网化长度比例/%
0.00~2.93	⊙ 县级　　┈┈ 铁路
2.93~6.19	○ 乡镇级　── 高速
6.19~9.86	── 河流　　── 国道
9.86~16.89	── 省道
16.89~23.62	

2012年12月 绘制　　　　　1:150000　　　　　河南省国土资源调查规划院 制图

(a) 2012年度

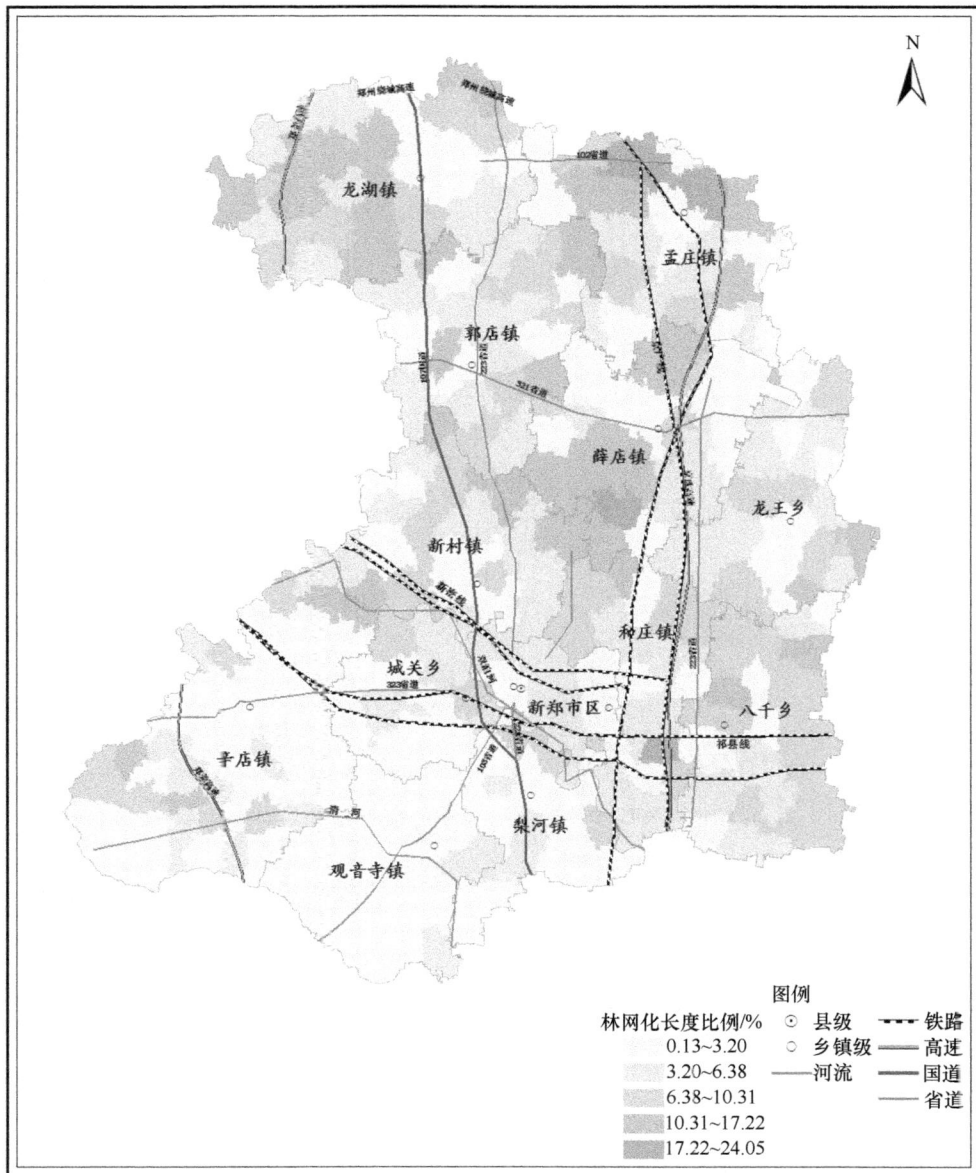

(b) 2013年度

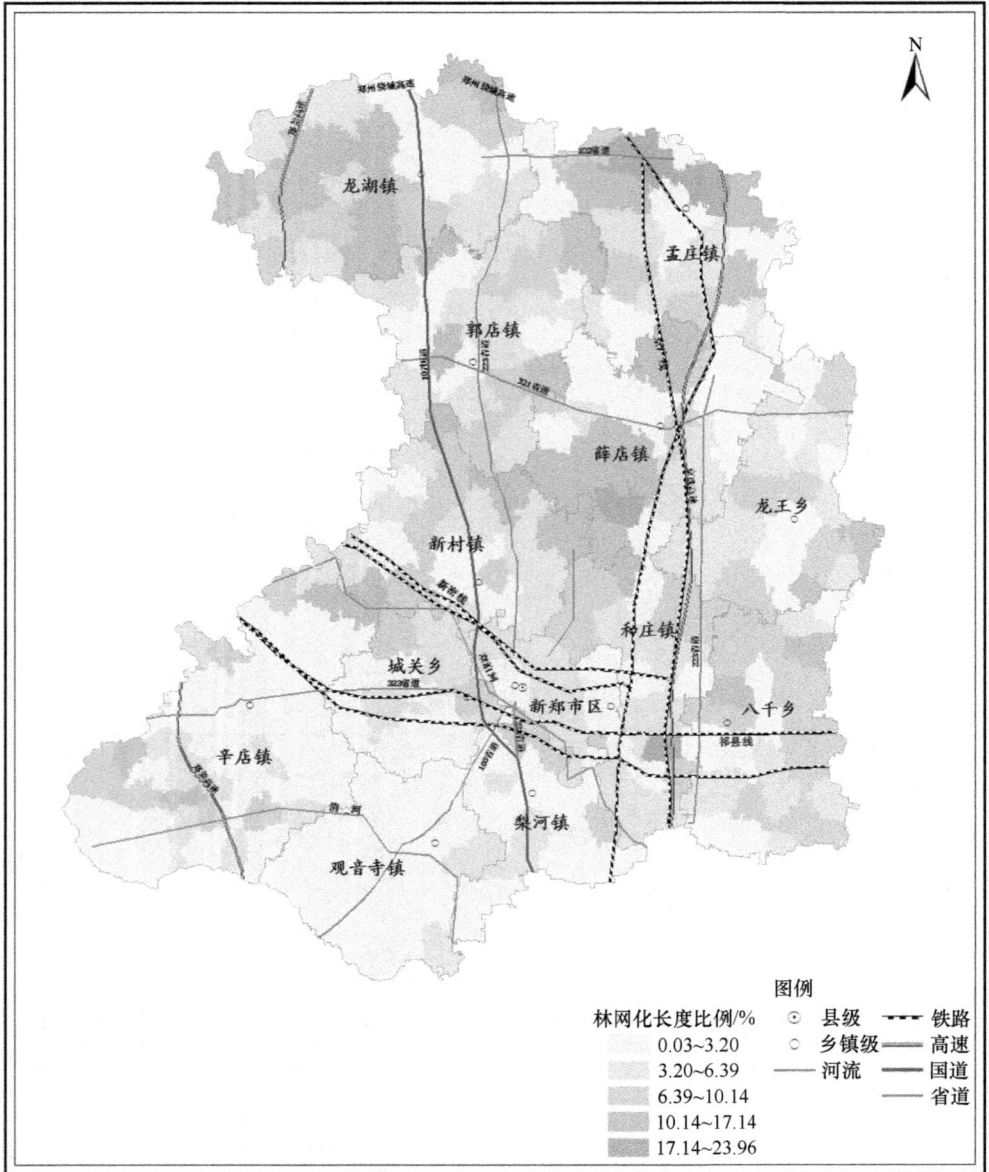

图例

林网化长度比例/%

图例		
⊙ 县级	- - - 铁路	
○ 乡镇级	—— 高速	
—— 河流	—— 国道	
	—— 省道	

0.03~3.20
3.20~6.39
6.39~10.14
10.14~17.14
17.14~23.96

2014年12月 绘制　　　　　1：150000　　　　　河南省国土资源调查规划院 制图

(c) 2013年度

图 5-5　新郑市及定位观测站点的耕地、林地单位面积林网化长度比例分级示意图

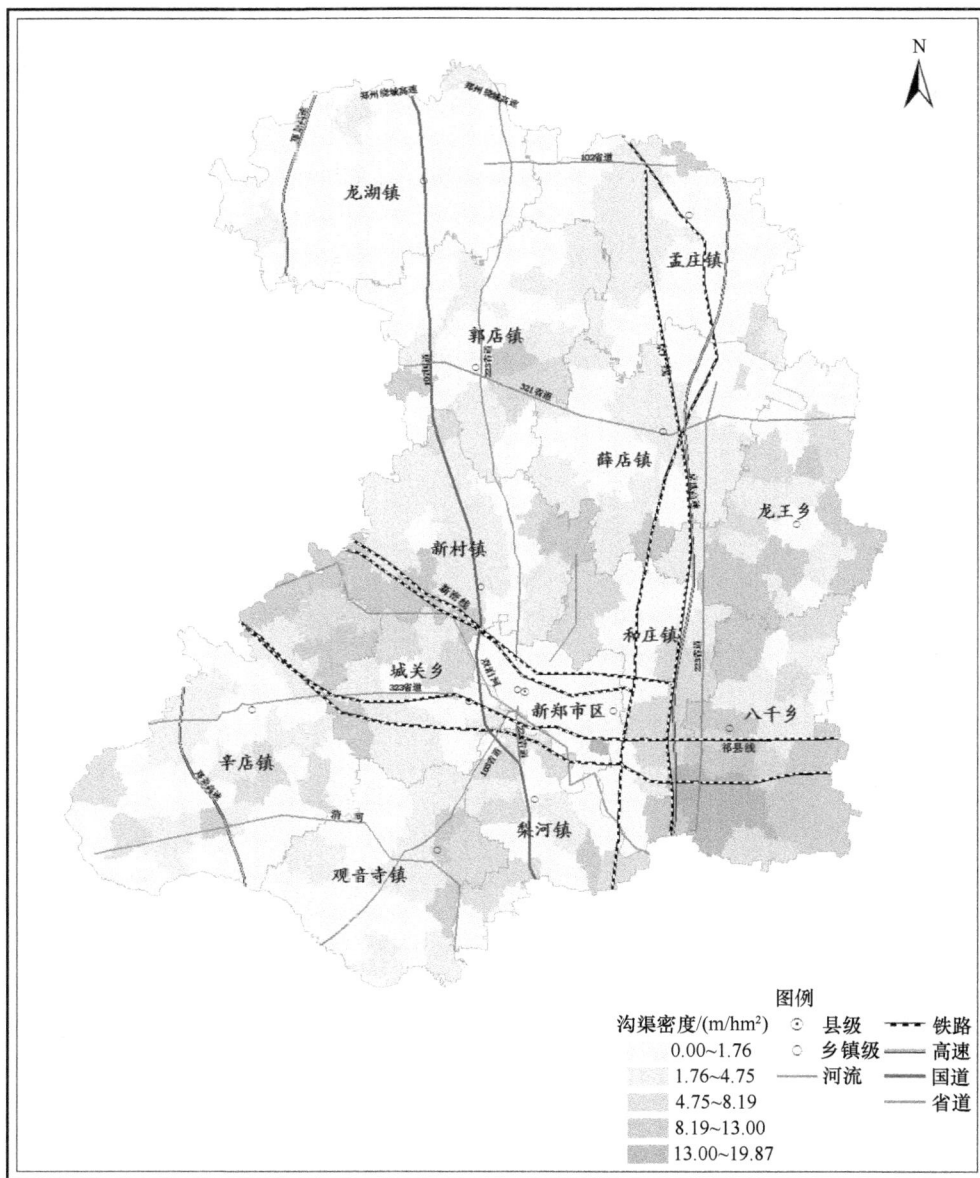

图例

沟渠密度/(m/hm²)　⊙ 县级　 ━━━ 铁路
　0.00~1.76　　　 ◎ 乡镇级　 ━━ 高速
　1.76~4.75　　 ━━ 河流　　 ━━ 国道
　4.75~8.19　　　　　　　　 ━━ 省道
　8.19~13.00
　13.00~19.87

2012年12月 绘制　　　　　　1：150000　　　　　　河南省国土资源调查规划院 制图

(a) 2012年度

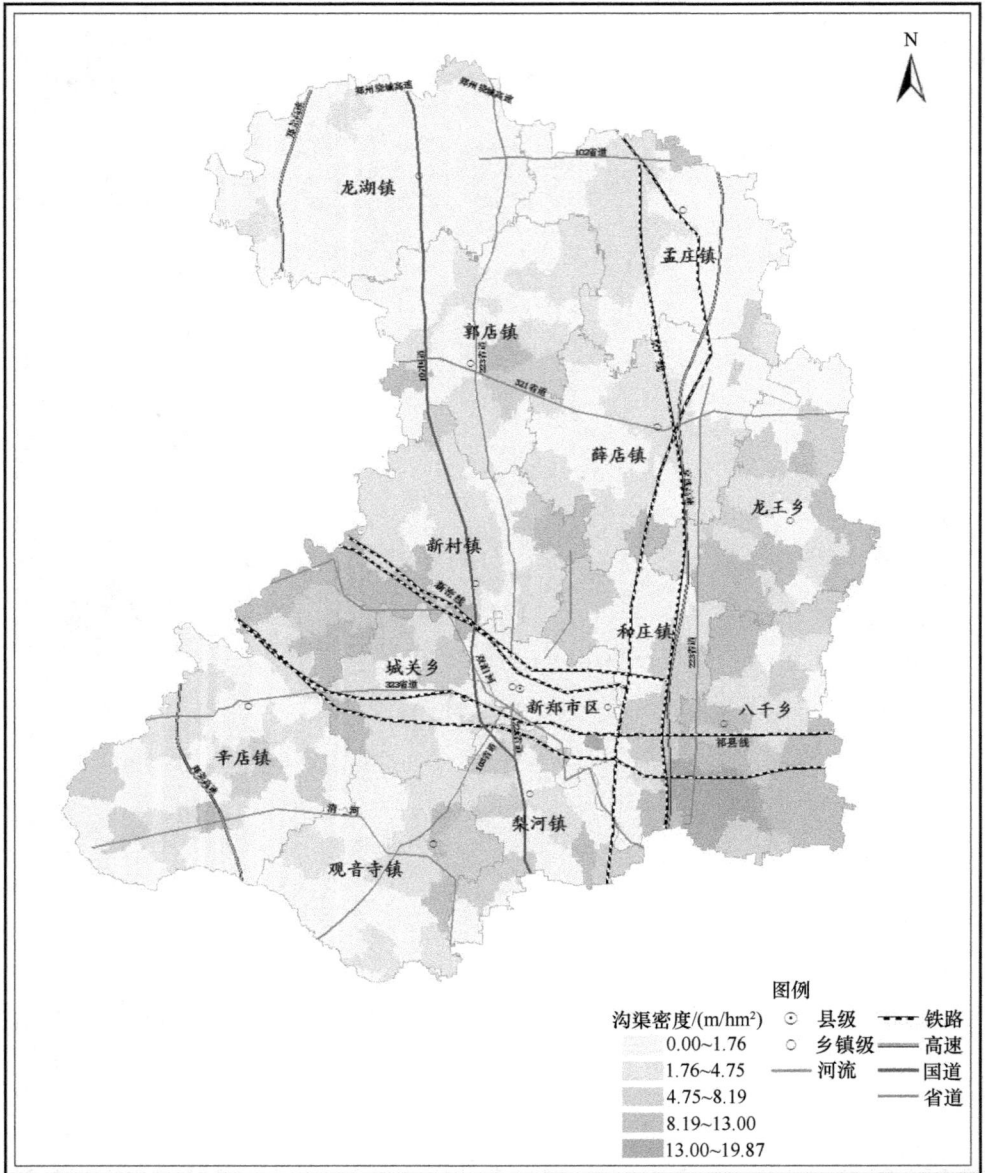

图例

沟渠密度/(m/hm²)　⊙ 县级　　- - - 铁路
　0.00~1.76　　　◦ 乡镇级　── 高速
　1.76~4.75　　　── 河流　　── 国道
　4.75~8.19　　　　　　　　　── 省道
　8.19~13.00
　13.00~19.87

2013年12月 绘制　　　　　1∶150000　　　　　河南省国土资源调查规划院 制图

(b) 2013年度

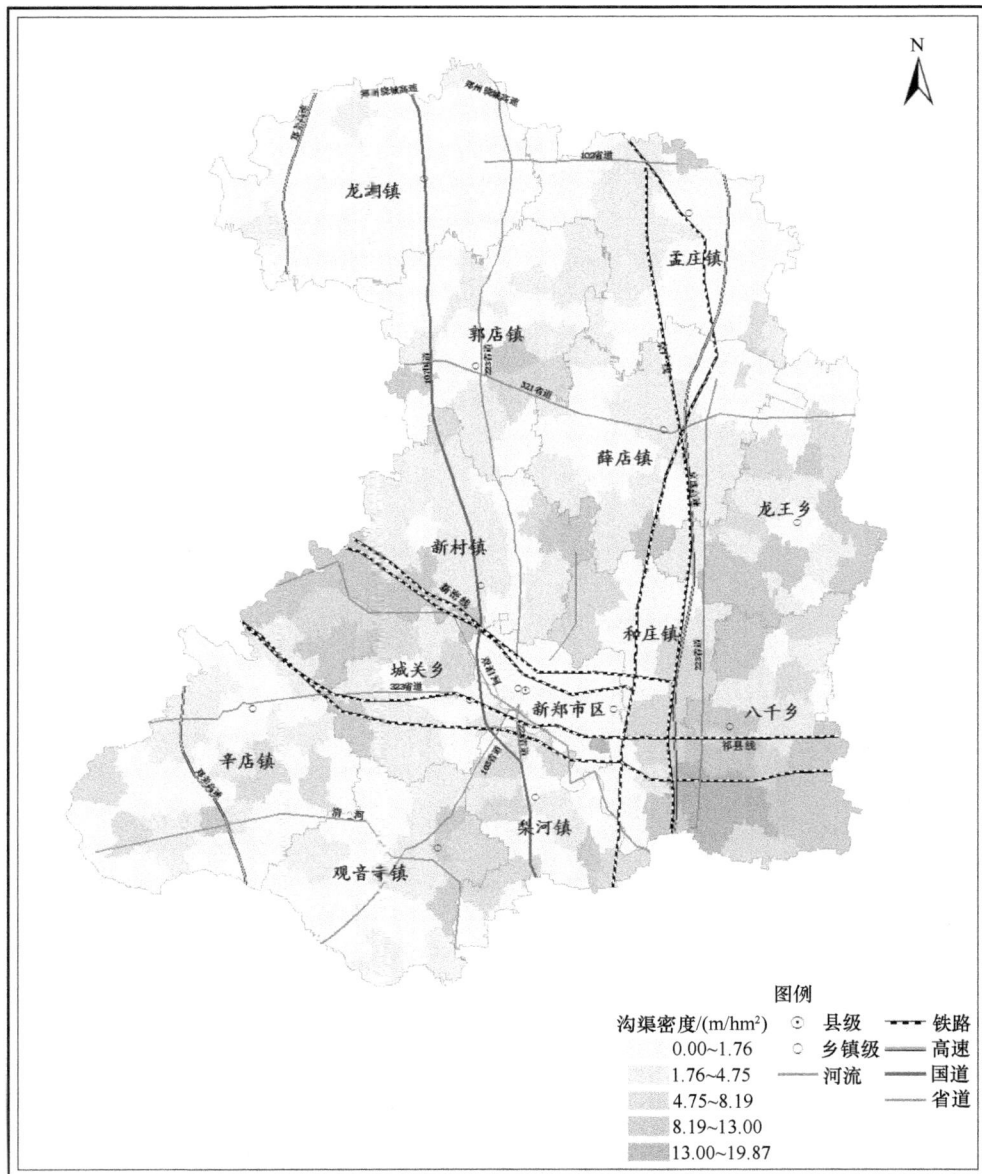

2014年12月 绘制　　　　　　1∶50000　　　　　　河南省国土资源调查规划院 制图

(c) 2014年度

图 5-6　新郑市及定位观测站点的耕地、林地沟渠密度分级示意图

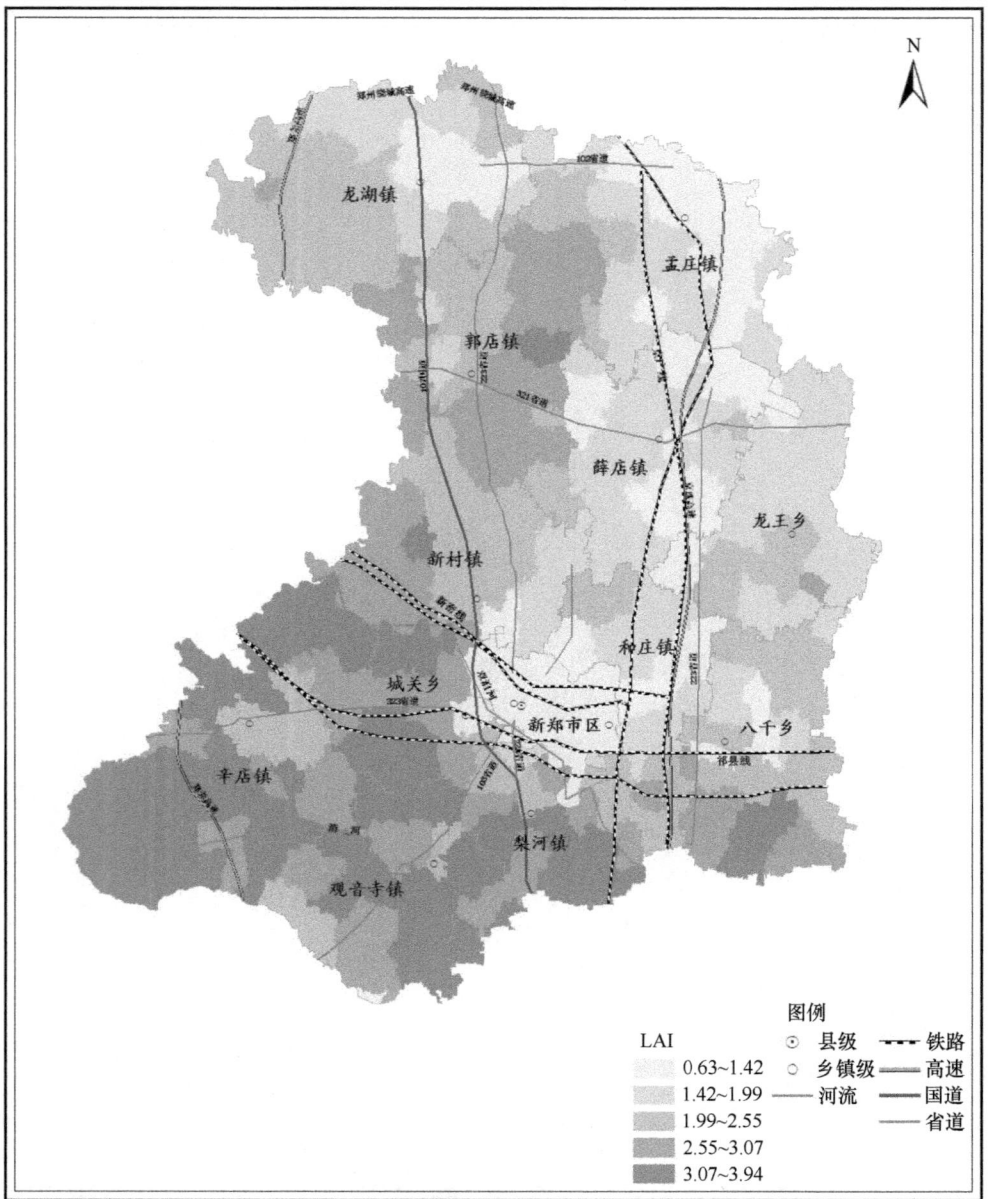

龙湖镇

孟庄镇

郭店镇

薛店镇

龙王乡

新村镇

和庄镇

城关乡

新郑市区

八千乡

祁县镇

辛店镇

梨河镇

观音寺镇

N

LAI	图例	
	⊙ 县级	▬ ▬ 铁路
0.63~1.42	○ 乡镇级	━━ 高速
1.42~1.99	── 河流	━━ 国道
1.99~2.55		── 省道
2.55~3.07		
3.07~3.94		

2012年12月 绘制　　　　　　1:150000　　　　　　河南省国土资源调查规划院 制图

(a) 2012年度

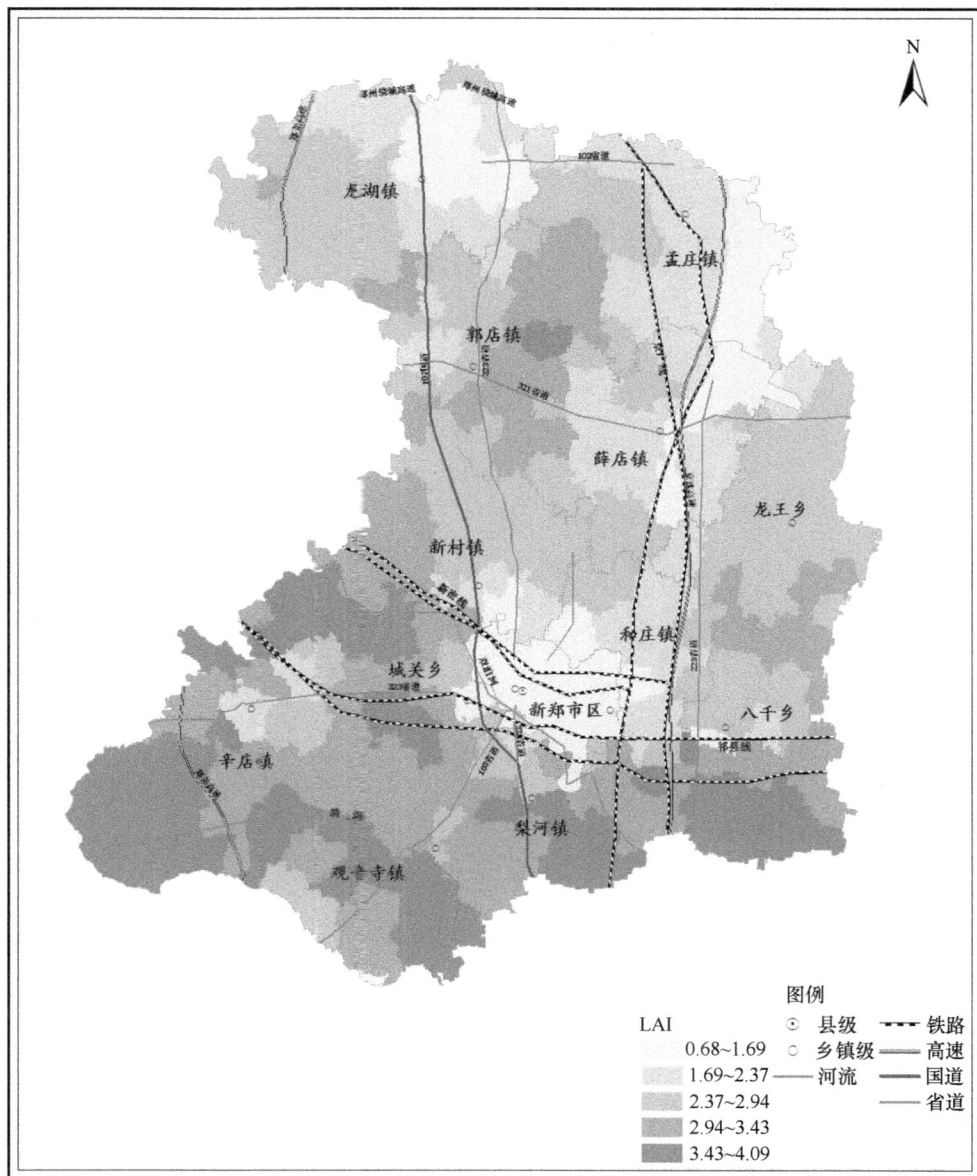

2013年12月 绘制　　　　　　　　1∶150000　　　　　　河南省国土资源调查规划院　制图

(b) 2013年度

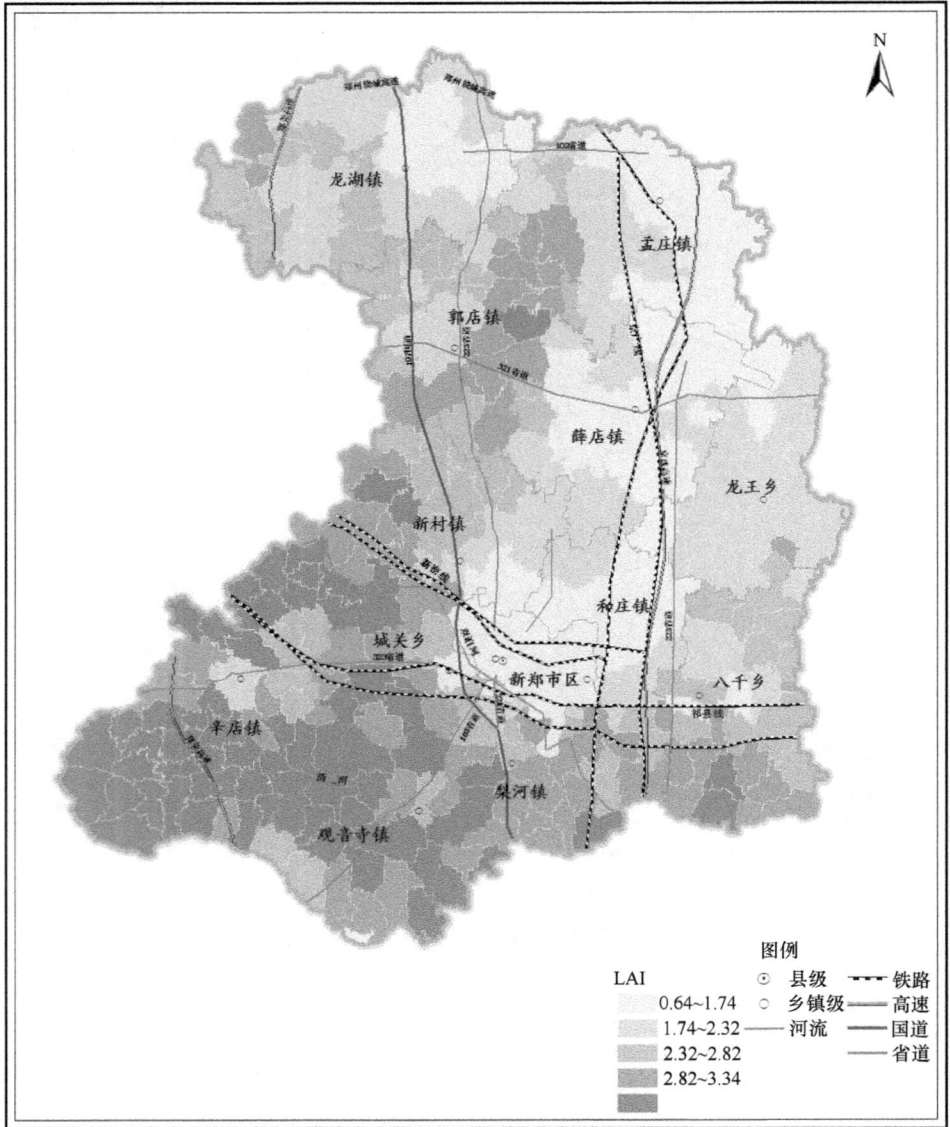

图 5-7　新郑市及定位观测站点的耕地、林地叶面积指数（LAI）分级示意图

6）耕地、林地光合有效辐射吸收比率

图 5-8 表明，新郑市及定位观测站点的耕地、林地光合有效辐射吸收比率
（FPAR）表现为自南向北逐渐降低趋势。其中，2014 年度辛店镇的耕地、林地光

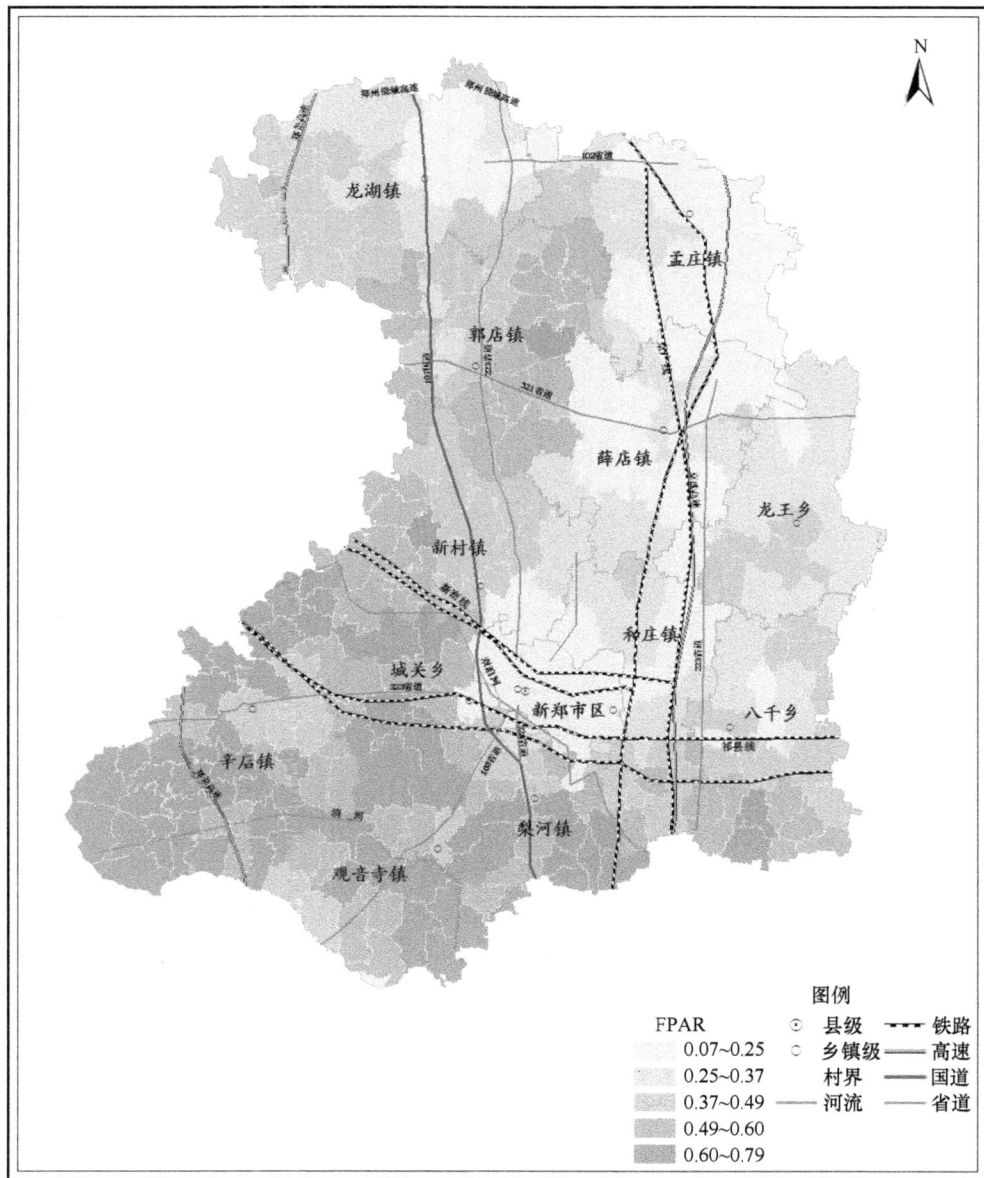

图例

FPAR
- 0.07~0.25
- 0.25~0.37
- 0.37~0.49
- 0.49~0.60
- 0.60~0.79

⊙ 县级   --- 铁路
○ 乡镇级   —— 高速
  村界   —— 国道
—— 河流   —— 省道

2012年12月 绘制   1∶150000   河南省国土资源调查规划院 制图

(a) 2012年度

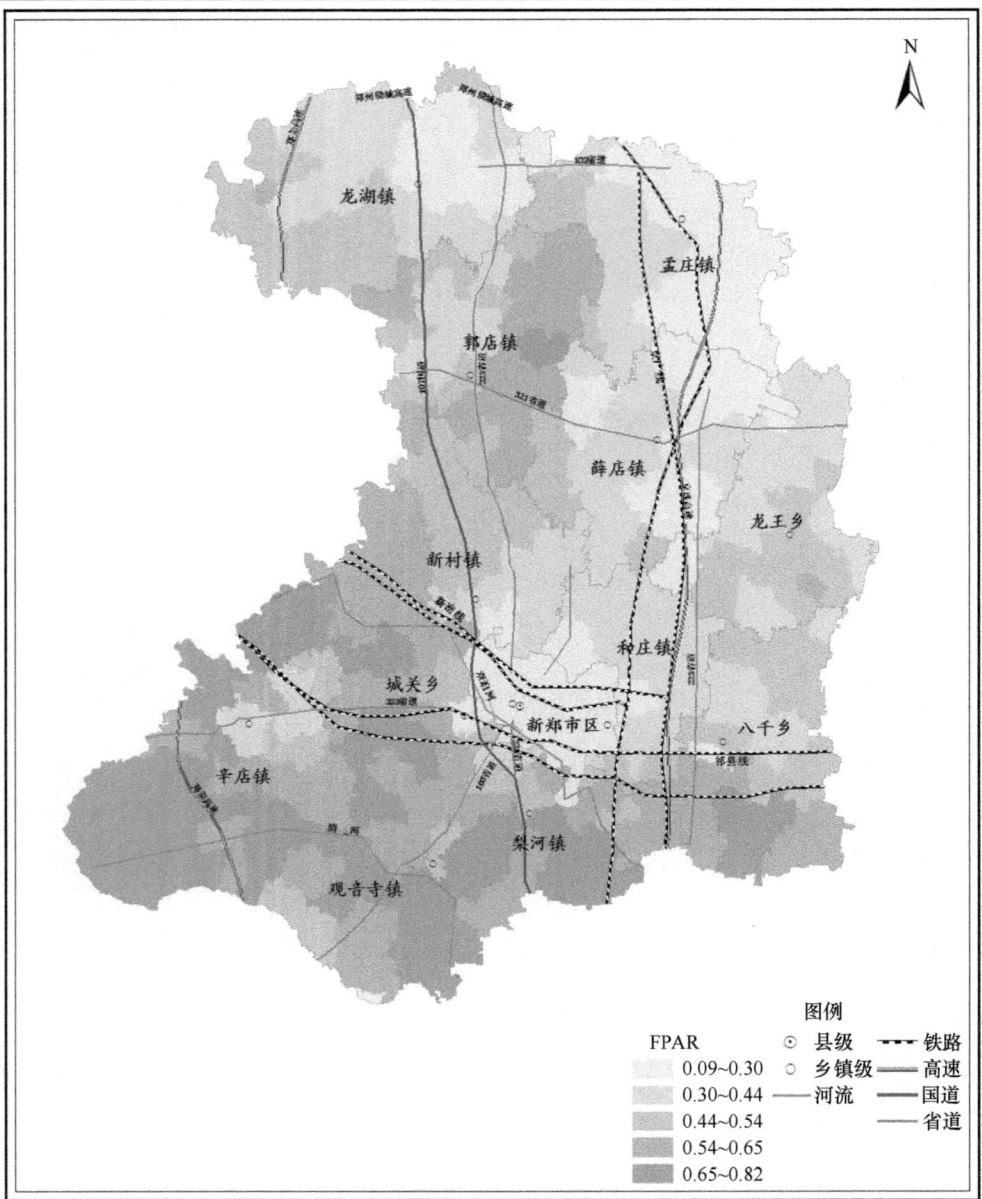

N

龙湖镇

孟庄镇

郭店镇

薛店镇

龙王乡

新村镇

和庄镇

城关乡

新郑市区

八千乡

辛店镇

梨河镇

观音寺镇

图例

FPAR
0.09~0.30
0.30~0.44
0.44~0.54
0.54~0.65
0.65~0.82

⊙ 县级
○ 乡镇级
—— 河流

- - - 铁路
—— 高速
—— 国道
—— 省道

2013年12月 绘制　　　　　　1：150000　　　　　　河南省国土资源调查规划院 制图

(b) 2013年度

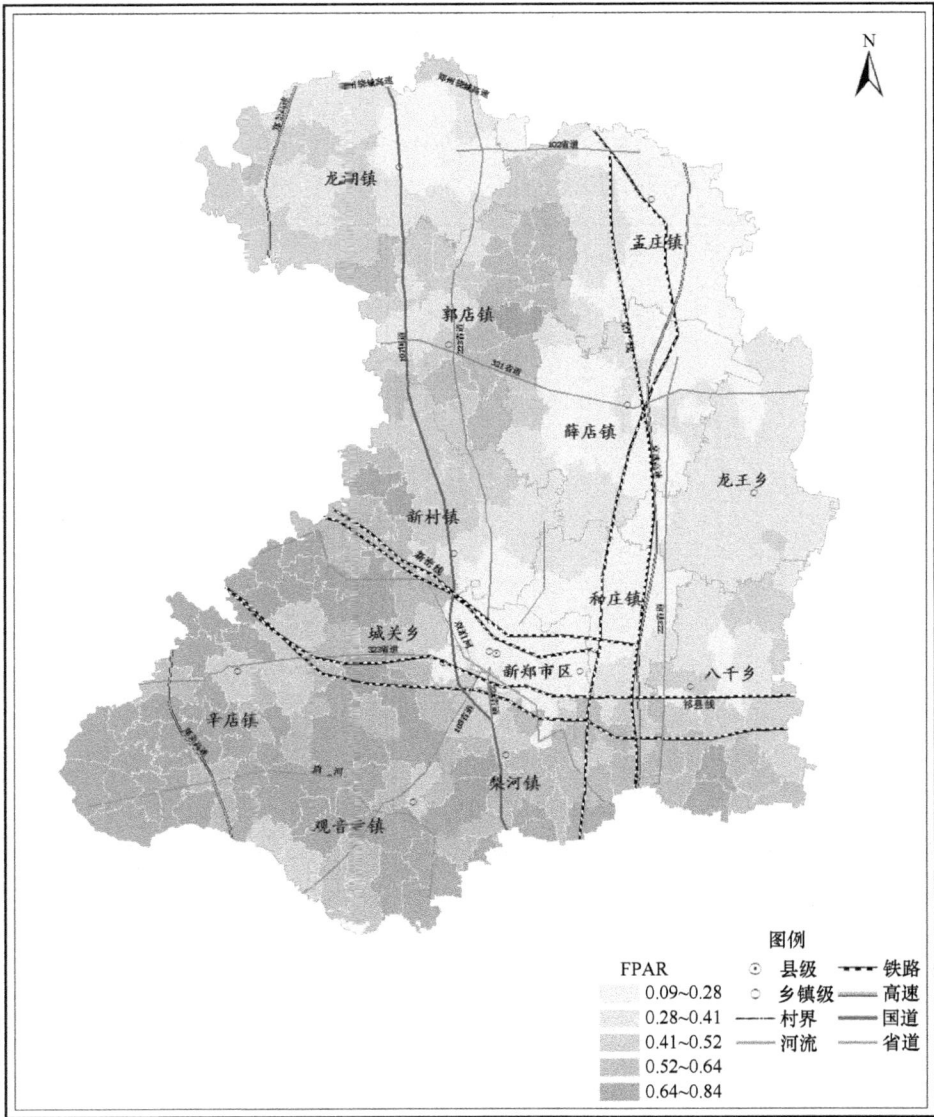

(c) 2014年度

图 5-8　新郑市及定位观测站点的耕地、林地光合有效辐射吸收比率（FPAR）分级示意图

合有效辐射最高（0.64~0.84），其次为观音寺镇、梨河镇、城关乡和新村镇（0.52~0.64），新郑市区和薛店镇最小（0.09~0.28）。2012~2014 年新郑市北部龙湖镇和东部龙王乡耕地、林地光合有效辐射吸收比率（FPAR）逐年减小，南部观音寺镇稍有增大。

7）城市绿地面积

图 5-9 表明，新郑市及定位观测站点的城市绿地面积表现为新郑市区和龙湖镇最多（45~60 hm²），其次为新村镇、薛店镇、观音寺镇和郭店镇（15~45 hm²），梨河镇和八千乡最少（0~15 hm²）。2012~2014 年新郑市北部龙湖镇、孟庄镇、东部龙王乡及南部观音寺镇城市绿地面积逐年减小，其他地区变化较小。

图例

城市绿地面积/hm²
- 0.17~19.25
- 19.25~36.60
- 36.60~67.69
- 67.69~117.82
- 117.82~403.64

⊙ 县级　⊙ 乡镇级　—— 村界　—— 河流　╌╌ 铁路　—— 高速　—— 国道　—— 省道

2012年12月 绘制　　　　1：150000　　　　河南省国土资源调查规划院 制图

(a) 2012年度

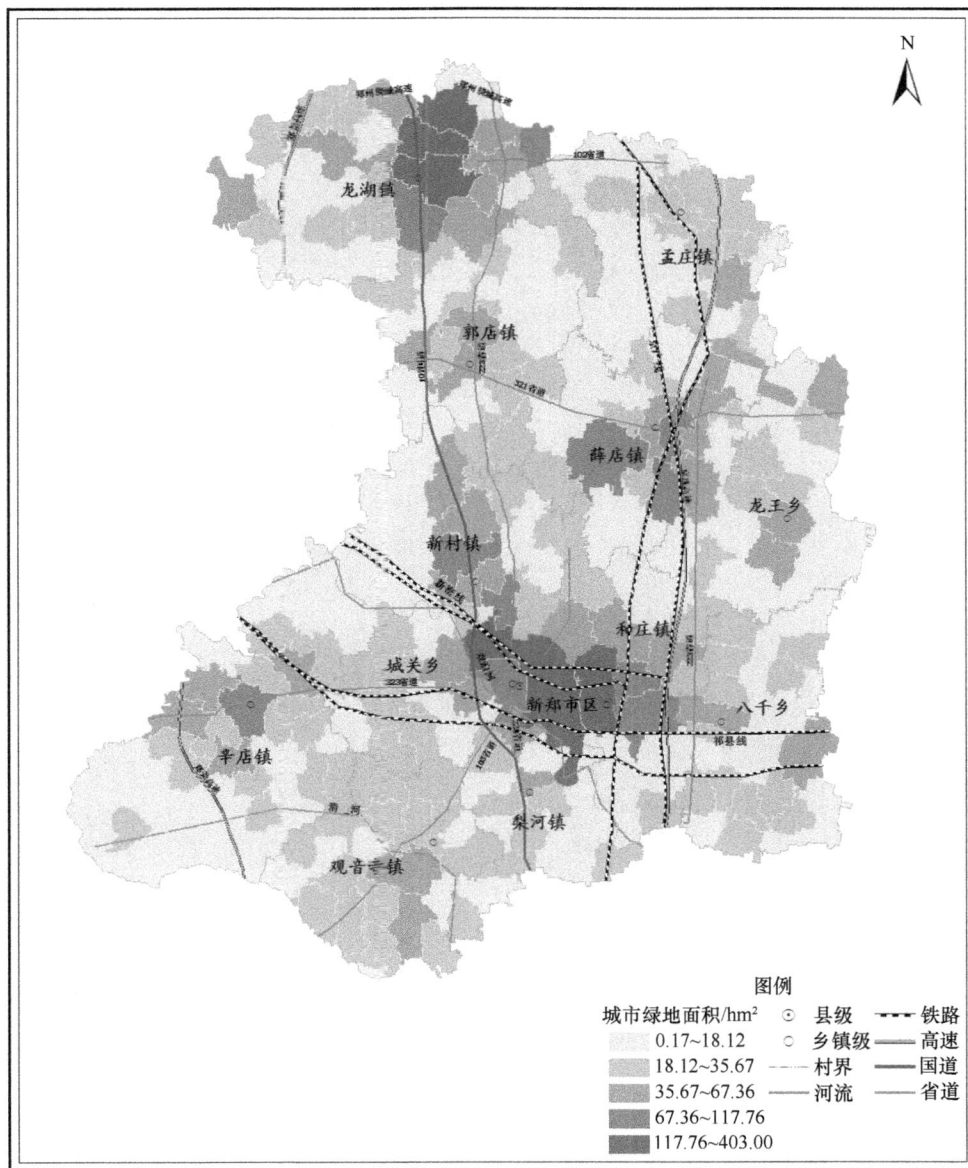

图例

城市绿地面积/hm²
- 0.17~18.12
- 18.12~35.67
- 35.67~67.36
- 67.36~117.76
- 117.76~403.00

⊙　县级　　　铁路
○　乡镇级　　高速
- - 村界　　　国道
—— 河流　　　省道

2013年12月 绘制　　　　　　　1∶150000　　　　　　　河南省国土资源调查规划院 制图

(b) 2013年度

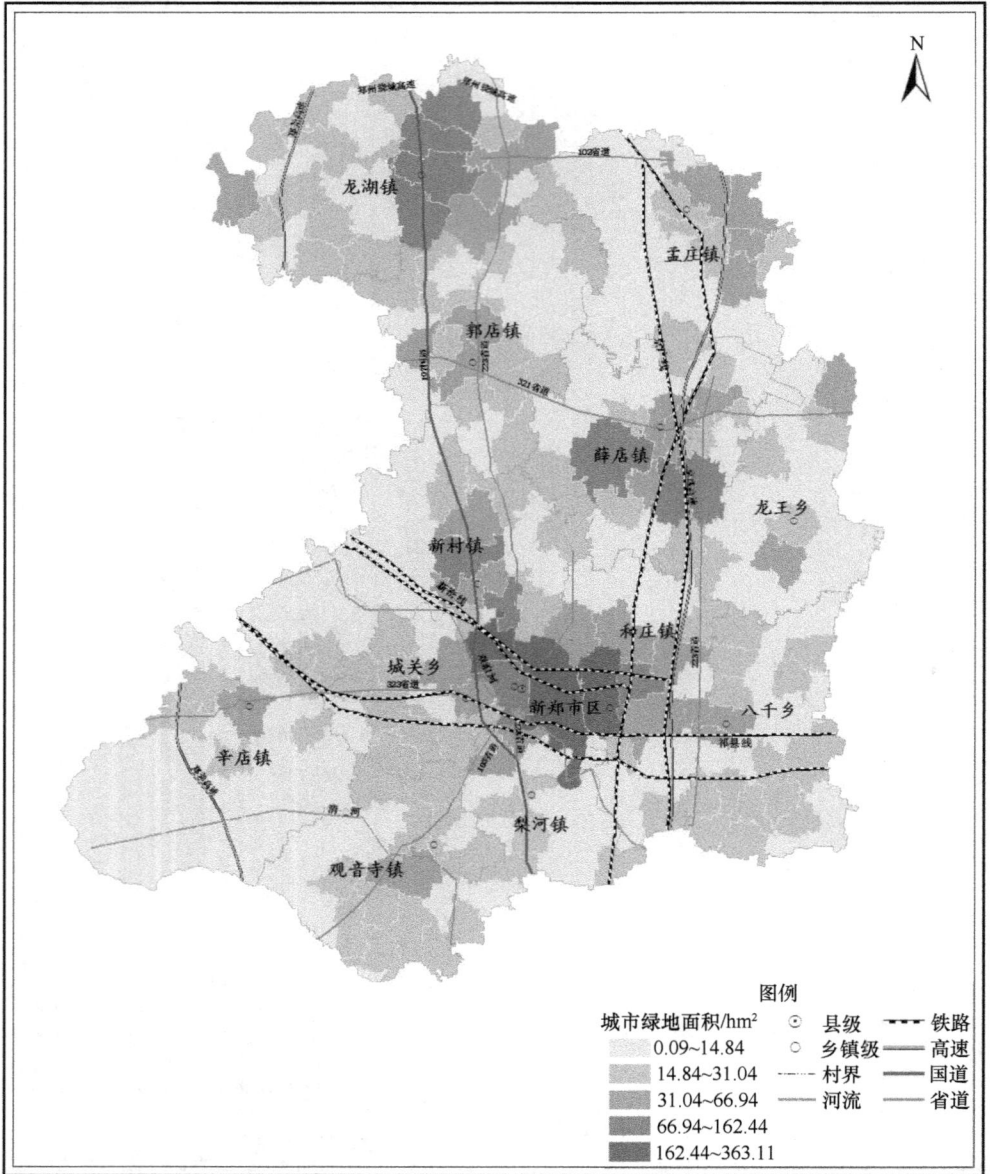

(c) 2014年度

图 5-9 新郑市及定位观测站点的城市绿地面积分级示意图

8）城市水面面积

图 5-10 表明，新郑市及定位观测站点的城市水面面积表现为新郑市区和龙湖

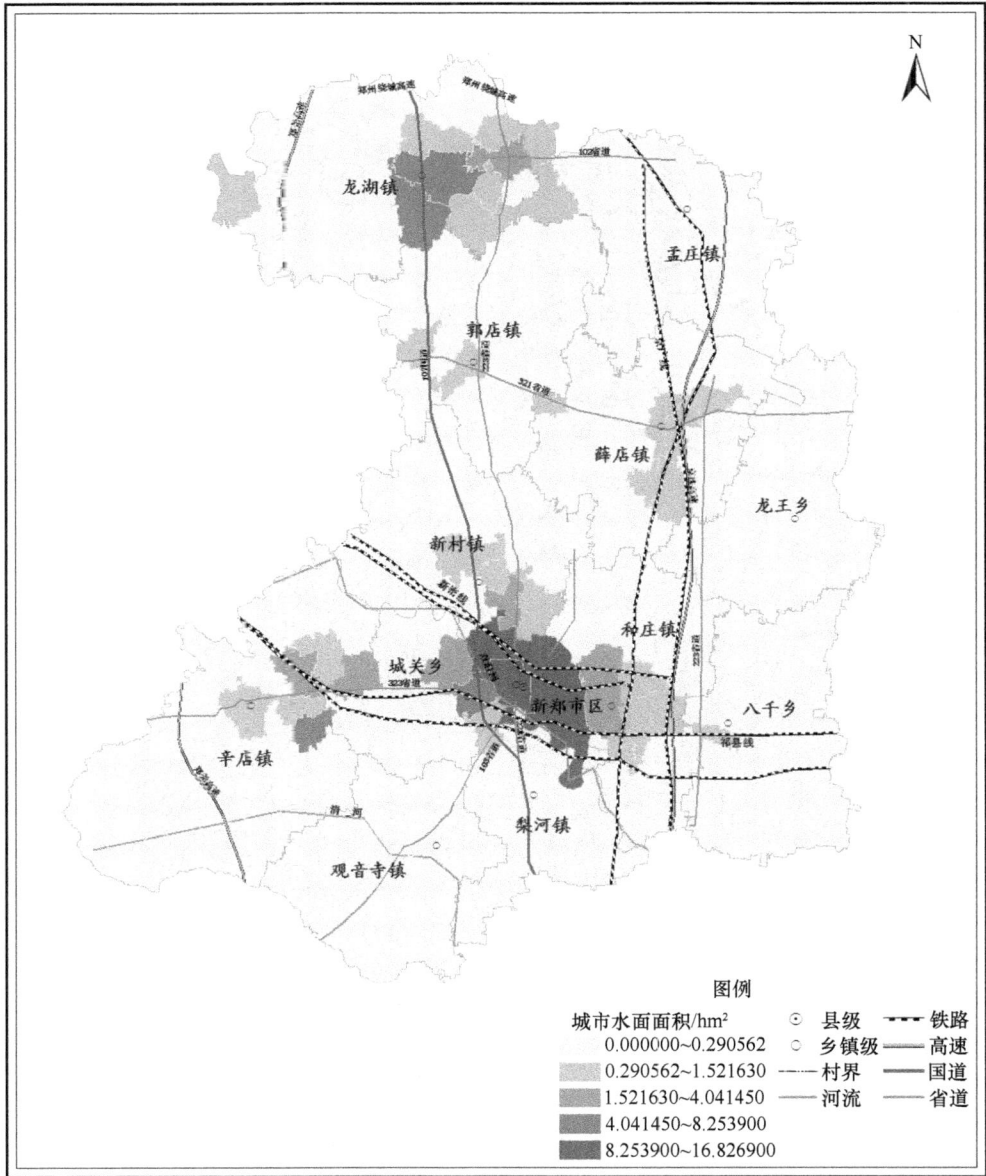

图例

城市水面面积/hm²　　⊙ 县级　　┅ 铁路
　0.000000~0.290562　　◎ 乡镇级　　━ 高速
　0.290562~1.521630　┅ 村界　　━ 国道
　1.521630~4.041450　━ 河流　　━ 省道
　4.041450~8.253900
　8.253900~16.826900

2012年12月 绘制　　　　　1∶150000　　　　　河南省国土资源调查规划院 制图

(a) 2012年度

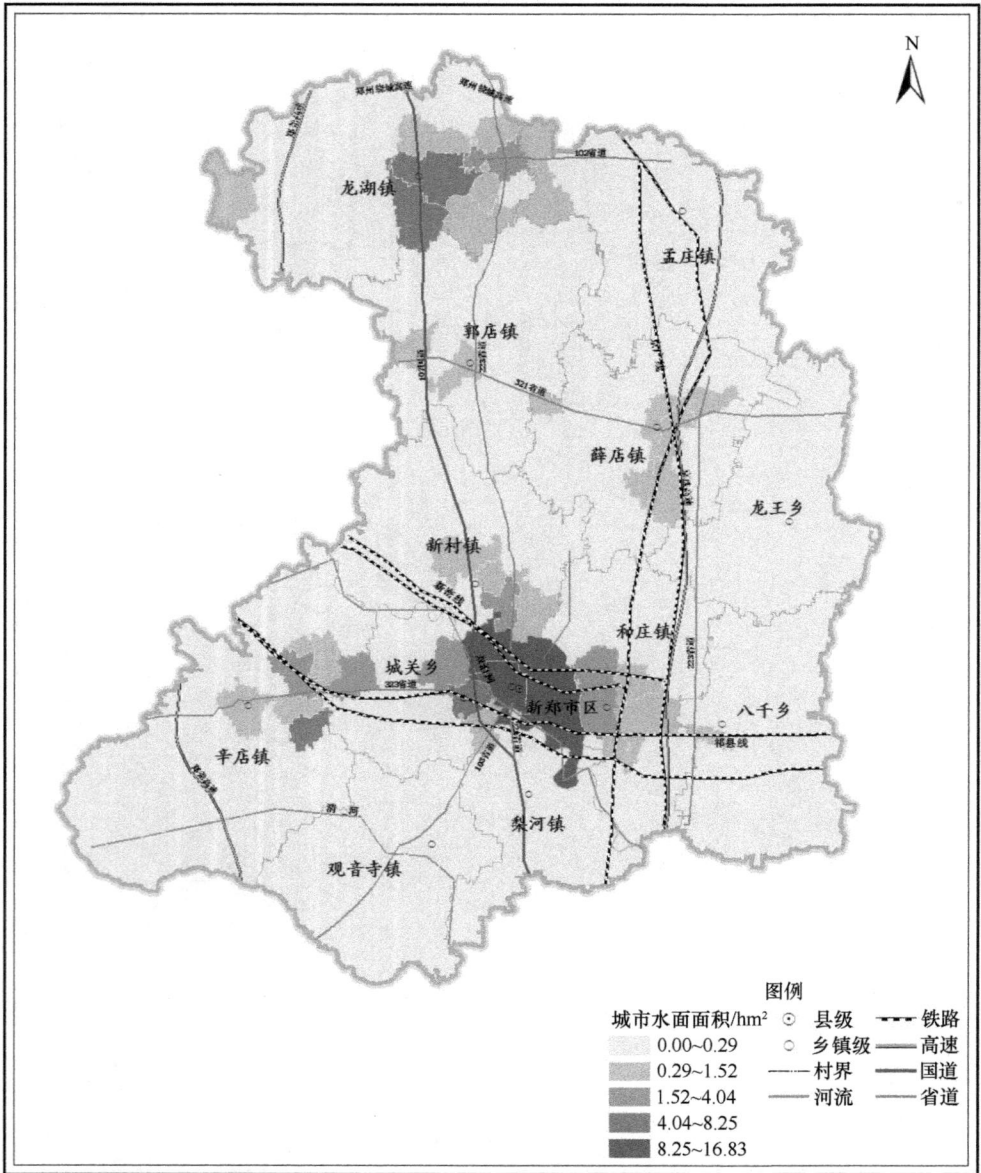

图例

城市水面面积/hm²

	0.00~0.29	⊙ 县级	┅┅ 铁路	
	0.29~1.52	○ 乡镇级	── 高速	
	1.52~4.04	── 村界	── 国道	
	4.04~8.25	── 河流	── 省道	
	8.25~16.83			

2013年12月 绘制　　　　　1∶150000　　　　　河南省国土资源调查规划院 制图

(b) 2013年度

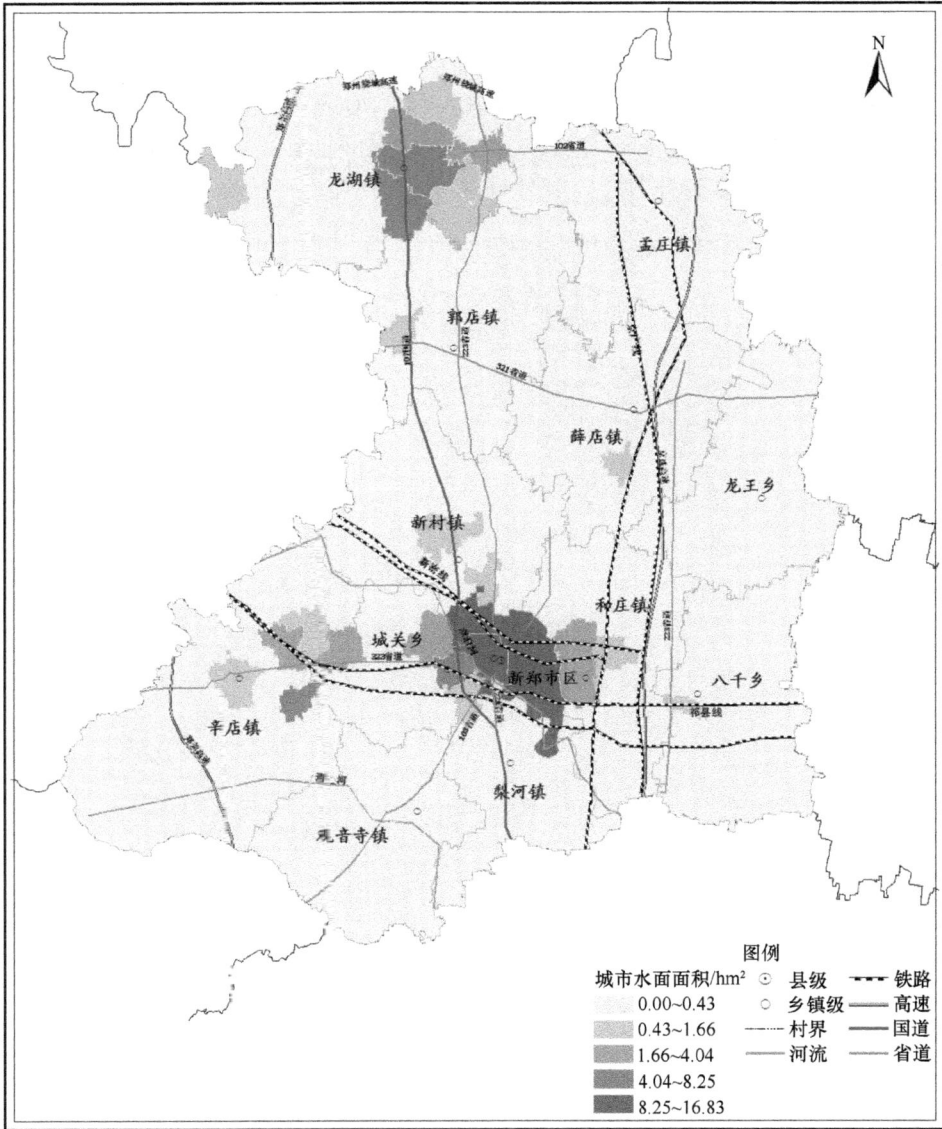

(c) 2014 年度

图 5-10　新郑市城市水面面积分级示意图

镇最大（大于 2hm²），其次为新村镇和城关乡（1.0~2.0hm²），孟庄镇、龙王乡、观音寺镇基本无城市水面面积。2012~2014 年新郑市北部龙湖镇、孟庄镇及东部龙王乡城市水面面积逐年减小，其他地区变化较小。

9）非渗透地表面积

图 5-11 表明，新郑市的非渗透地表面积表现为新郑市区和龙湖镇最大（大于 80hm²），其次为新村镇、辛店镇和薛店镇（40~70hm²），梨河镇、八千乡、龙王乡和孟庄镇最小（0~15hm²）。2012~2014 年新郑市北部龙湖镇、孟庄镇及东部龙王乡非渗透地表面积逐年减小，其他地区变化较小。

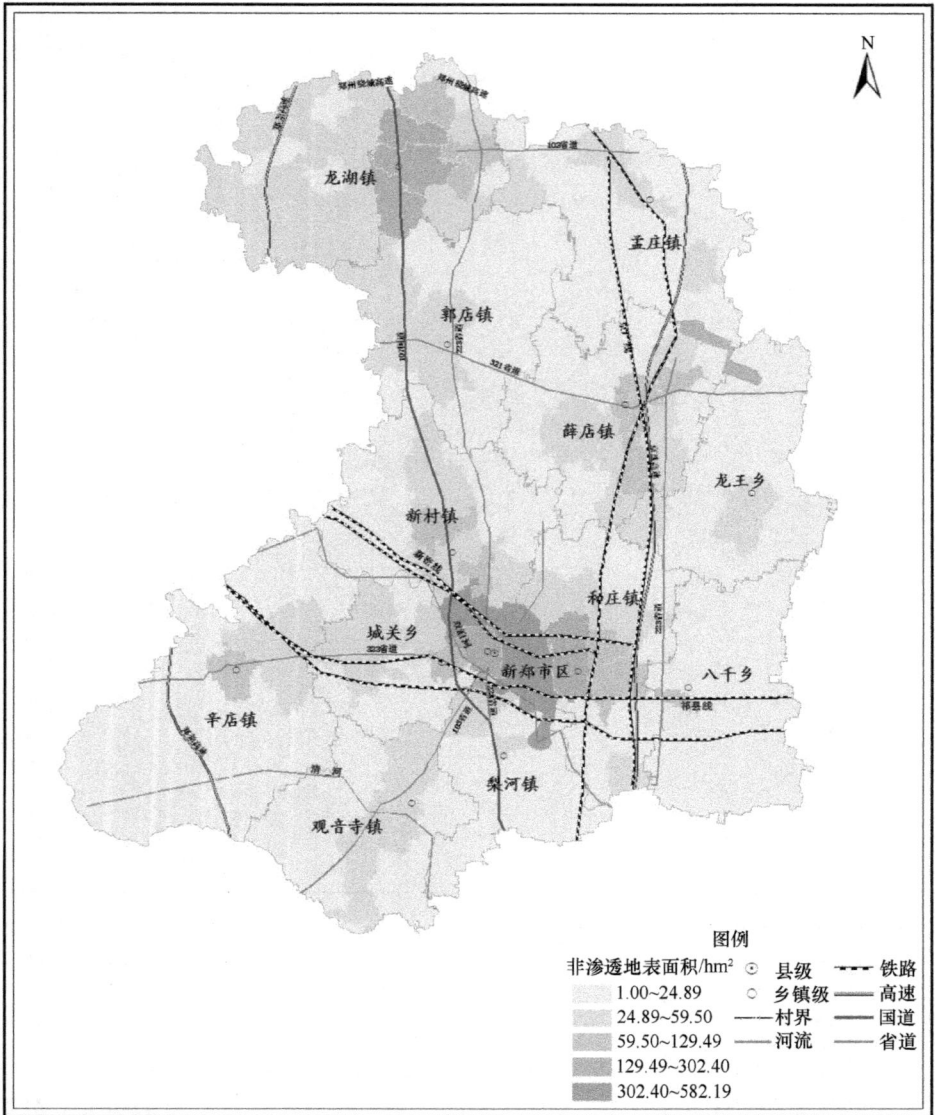

图例

非渗透地表面积/hm²

| 1.00~24.89 |
| 24.89~59.50 |
| 59.50~129.49 |
| 129.49~302.40 |
| 302.40~582.19 |

⊙ 县级　　┄┄ 铁路
○ 乡镇级　━━ 高速
── 村界　　━━ 国道
── 河流　　━━ 省道

2012年12月 绘制　　　　　1∶150000　　　　河南省国土资源调查规划院 制图

(a) 2012年度

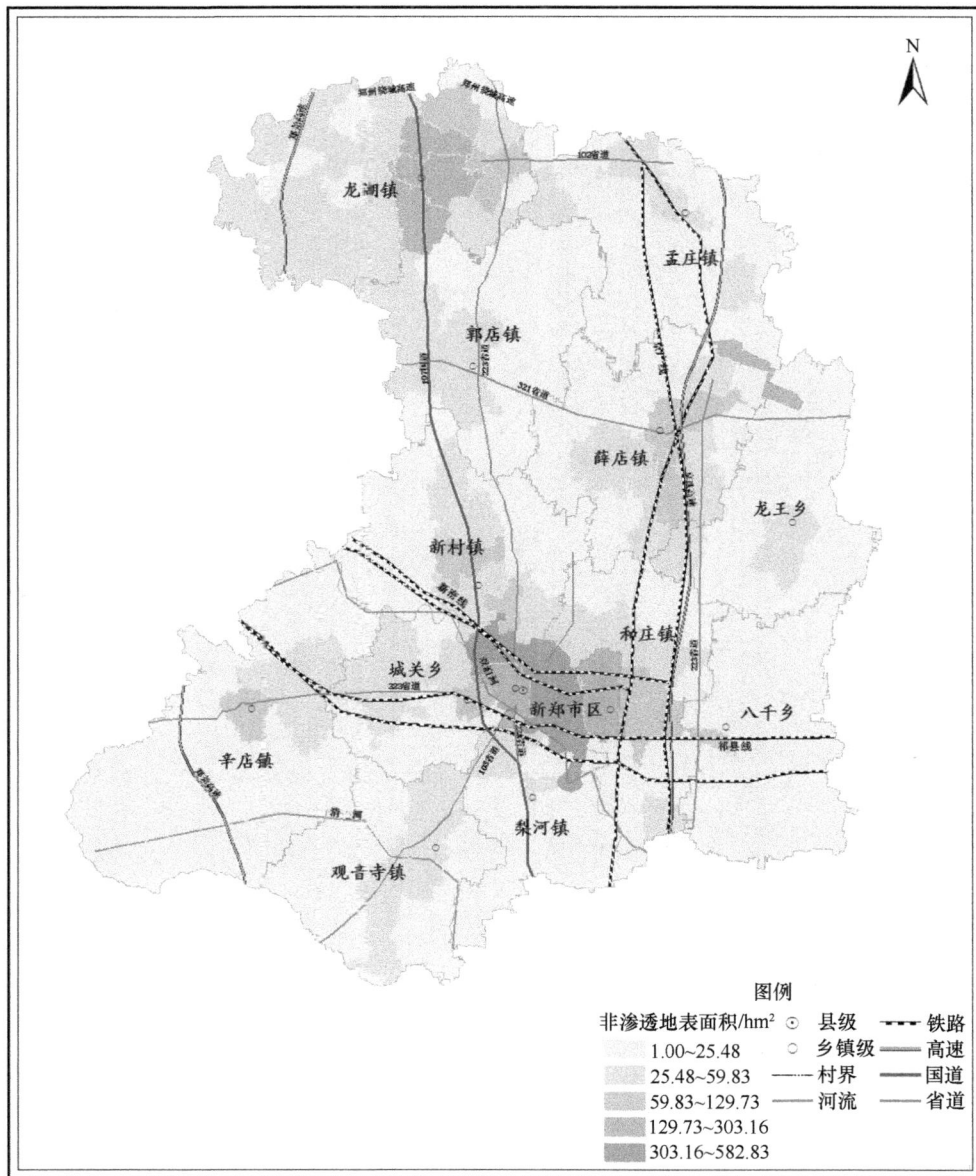

龙湖镇

孟庄镇

郭店镇

薛店镇

龙王乡

新村镇

辛庄镇

城关乡

新郑市区

八千乡

辛店镇

梨河镇

观音寺镇

图例

非渗透地表面积/hm²　　⊙　县级　　┅　铁路

　　1.00~25.48　　　◎　乡镇级　━　高速

　　25.48~59.83　　─　村界　　━　国道

　　59.83~129.73　　─　河流　　━　省道

　　129.73~303.16

　　303.16~582.83

2013年12月 绘制　　　　　　　1∶150000　　　　　　　河南省国土资源调查规划院 制图

(b) 2013年度

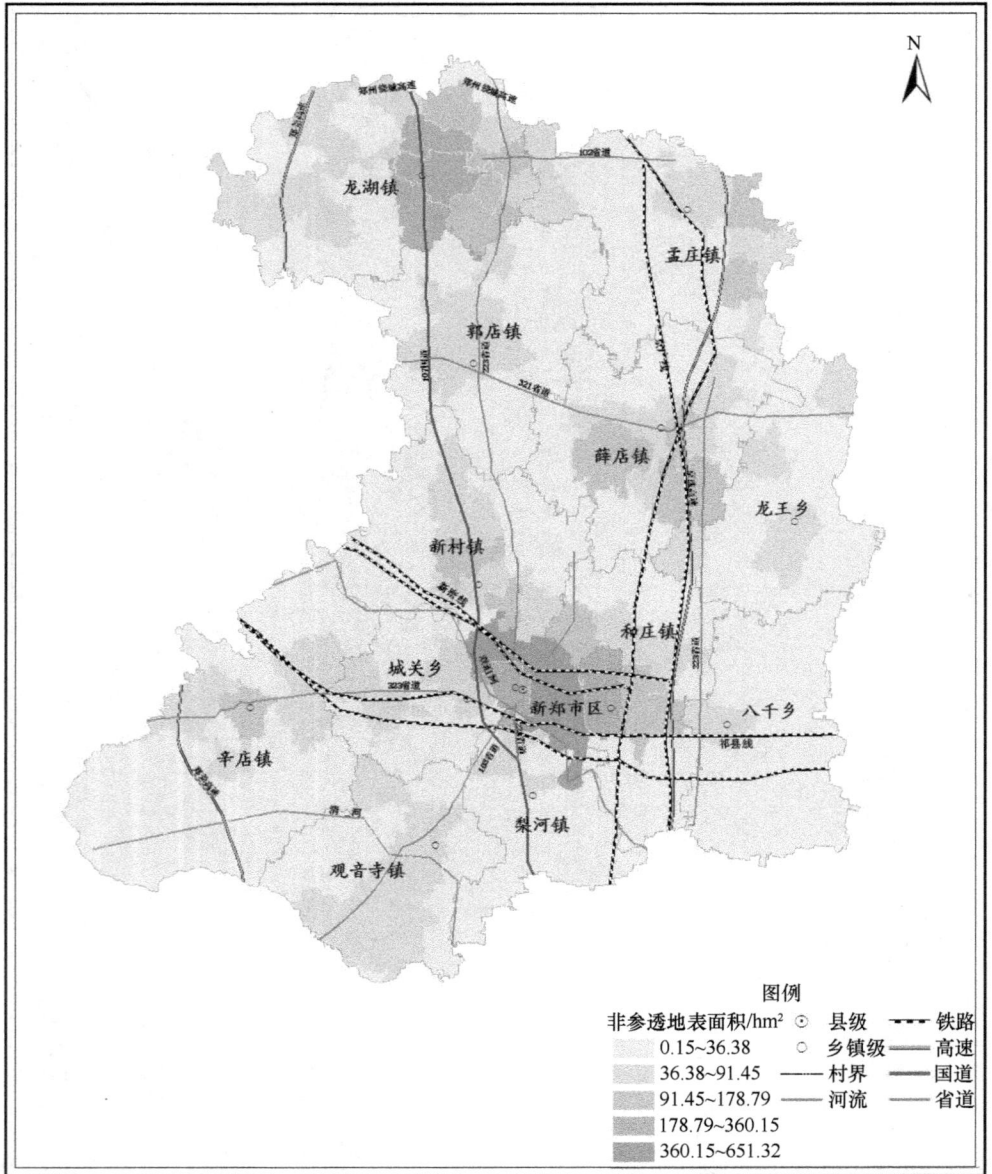

2014年12月 绘制   1 : 150000   河南省国土资源调查规划院 制图

(c) 2014年度

图 5-11 新郑市及定位观测站点的非渗透地表面积分级示意图

5.3 　微观尺度（村及样点）数量-质量-生态变化监测分析

对于中部粮食主产区典型区域土地资源监测，从微观尺度选取了具有代表性的梨河镇学田村、龙王乡小左村、薛店镇常刘社区 3 个典型区域。其中，以梨河镇学田村的 5 个观测点为基础，对其 0~60cm 土层土壤的理化性状进行了监测分析；对龙王乡小左村 5 个观测点重点进行了土壤重金属和有机污染监测分析；对薛店镇常刘社区 5 个观测站点重点进行了土地资源数量流转的监测分析。

调查问卷数据通过采用整群抽样方式进行入户调查而得到，具体选取了新郑市龙王乡小左村作为土地资源生态变化的典型代表，重点进行了土壤重金属和有机物污染监测分析；梨河镇学田村作为土地资源质量变化的典型代表，薛店镇常刘社区作为新型农村社区土地资源数量变化的典型代表。调查问卷共进行 3 个周期，每次发放调查问卷 500 份，调查问卷回收率在 90.0%~95.0%。

5.3.1 　土地资源数量变化监测分析

1. 耕地利用变化分析

图 5-12 表明，2012~2014 年新郑市北部龙湖镇、孟庄镇及南部辛店镇耕地转换为建设用地的面积减少，而东部龙王乡耕地转换为建设用地的面积增加，其他地区变化较小。定位观测点耕地转换为建设用地面积的变化规律为：常刘社区（10hm²）>学田村（5hm²）>小左村（0hm²）。

2. 土地利用集约度

1）复种指数

图 5-13 表明，定位观测点复种指数 3 年内基本保持不变，其中，各村（社区）3 年复种指数平均值为：学田村（2）>小左村（1.8）=常刘社区（1.8）。

2）化肥使用量

图 5-14 表明，定位观测点化肥使用量 2012~2013 年不变，2013~2014 年增加，其中各村（社区）3 年化肥使用量的平均值表现为：小左村［2207.33kg/（hm²·a）］>学田村［2107.00kg/（hm²·a）］>常刘社区［2006.67kg/（hm²·a）］。

3）农药使用量

图 5-15 表明，定位观测点农药使用量 2012~2013 年不变，2013~2014 年增加，其中各村（社区）3 年农药使用量的平均值表现为小左村［391.30kg/（hm²·a）］<学田村［401.33kg/（hm²·a）］<常刘社区［411.37kg/（hm²·a）］。

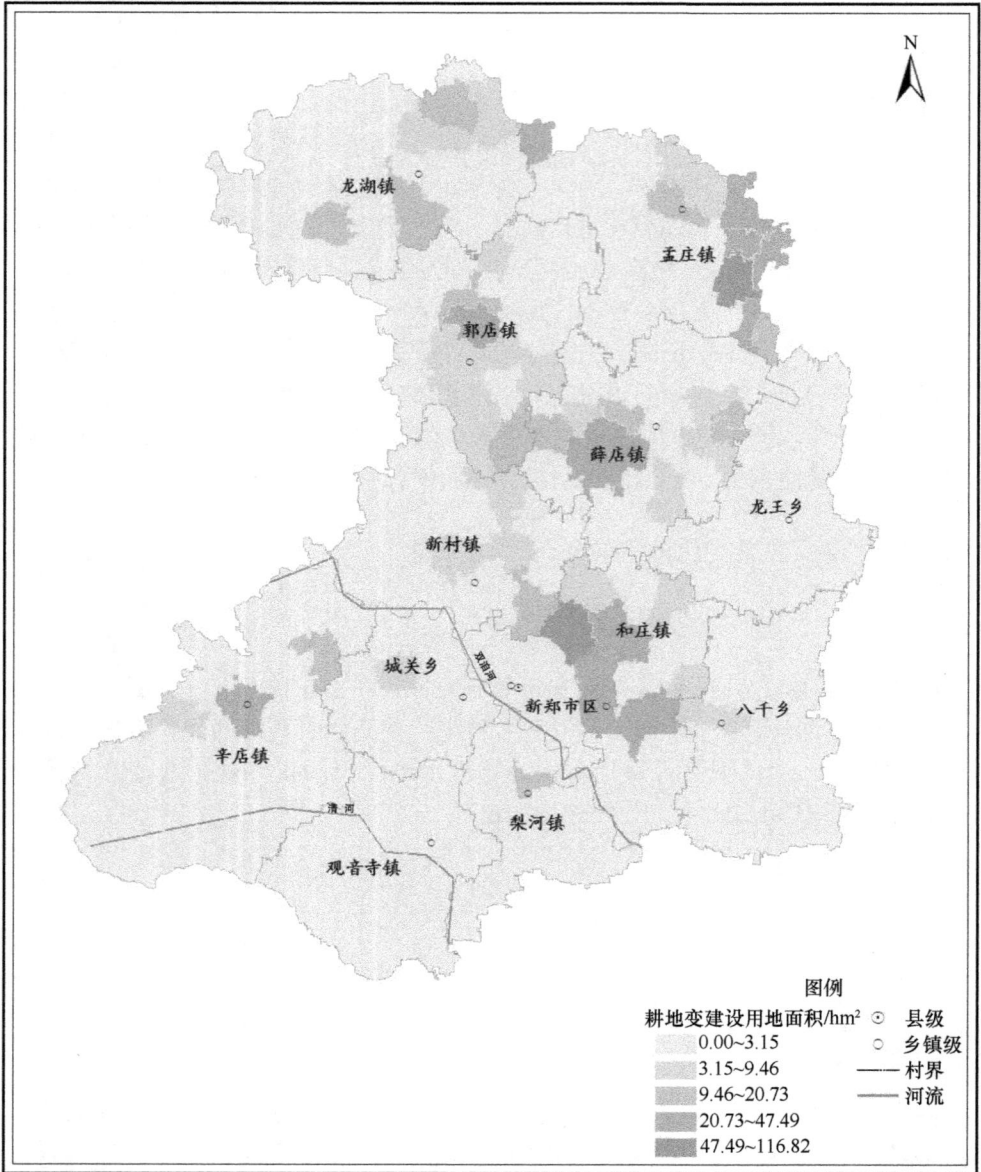

(a) 2012年度

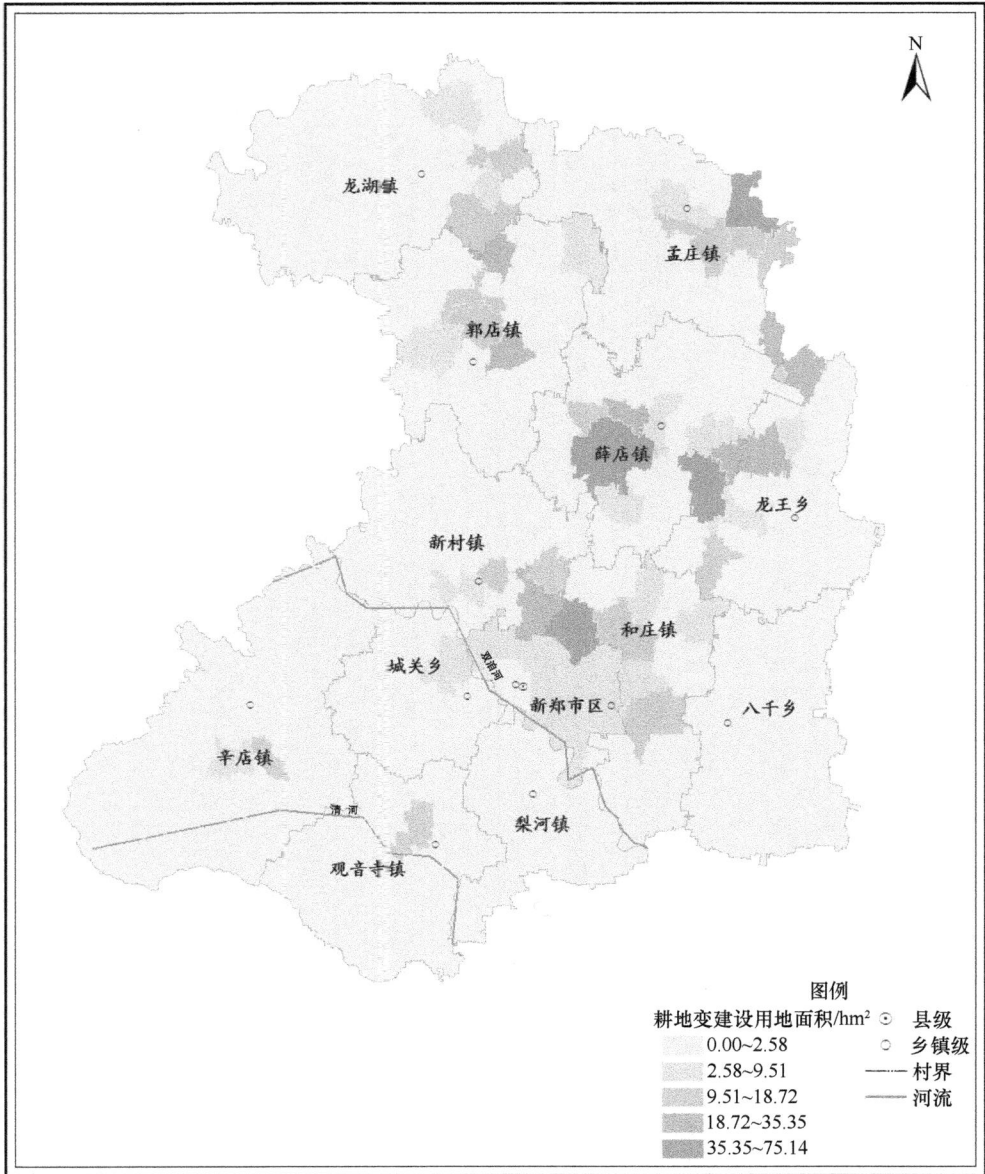

N

图例

耕地变建设用地面积/hm²　⊙　县级

　　0.00~2.58　　　　　　　　　◎　乡镇级

　　2.58~9.51

　　9.51~18.72　　　　　　　　——　村界

　　18.72~35.35　　　　　　　——　河流

　　35.35~75.14

(b) 2013年度

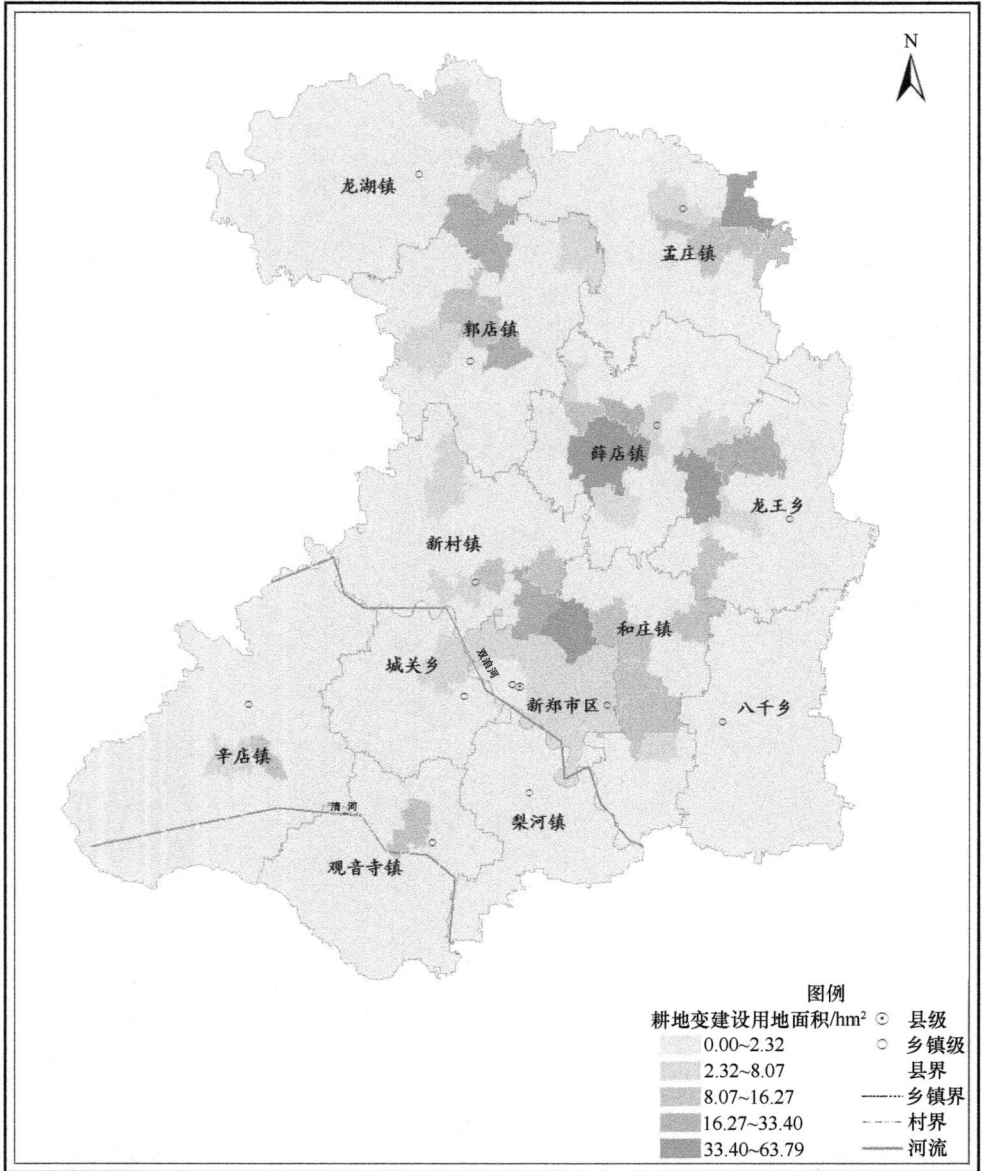

图 5-12　新郑市及野外观测站点的耕地转换为建设用地的面积分级示意图

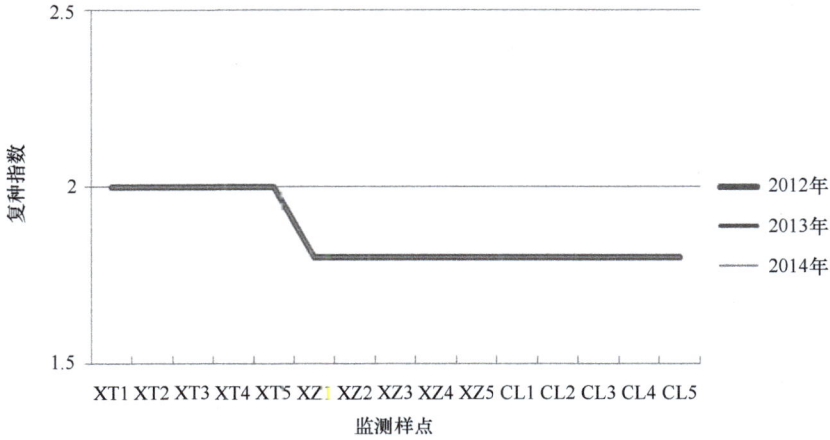

图 5-13　不同监测样点复种指数

XT 代表学田村；XZ 代表小左村；CL 代表常刘社区；1~5 代表样点序号；下同

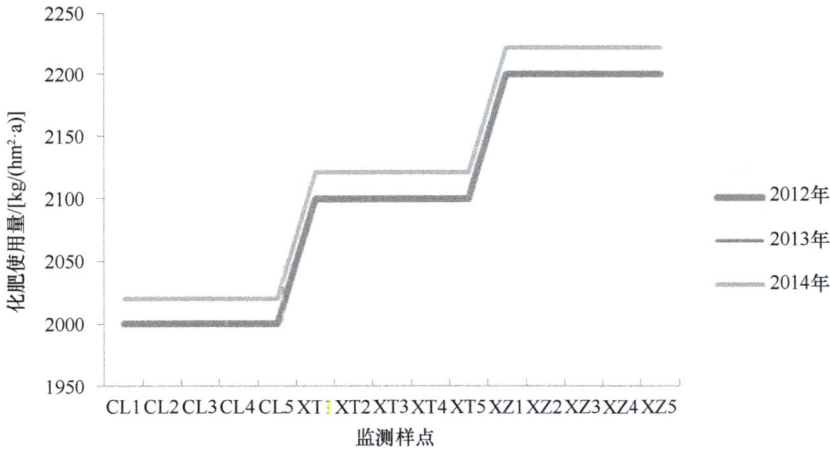

图 5-14　不同监测样点化肥使用量

4）除草剂用量

图 5-16 表明，定位观测点除草剂使用量 2012~2013 年不变，2013~2014 年增加，其中各村（社区）3 年除草剂使用量的平均值表现为：学田村［100.33 元/（hm²·a）］<小左村［120.40 元/（hm²·a）］<常刘社区［123.41 元/（hm²·a）］。

5）机械总动力

图 5-17 表明，定位观测点机械总动力 2012~2013 年不变，2013~2014 年增加，其中各村（社区）3 年机械总动力的平均值表现为：小左村［3010.00 元/（hm²·a）］<学田村［3090.27 元/（hm²·a）］<常刘社区［3210.67 元/（hm²·a）］。

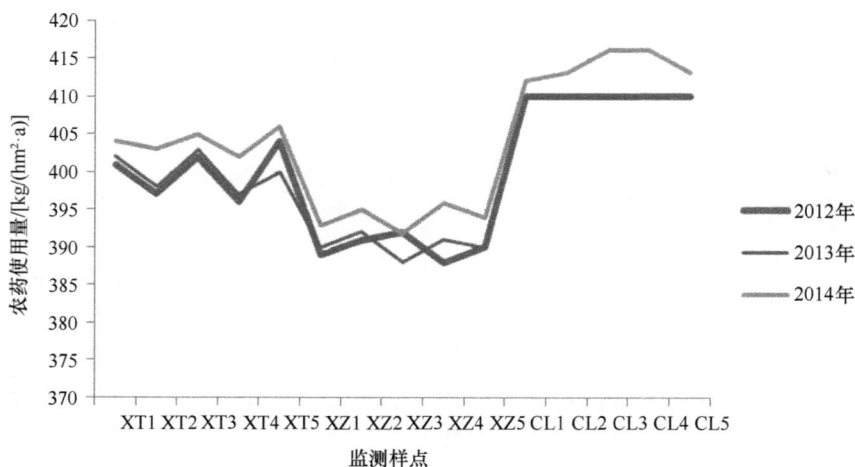

图 5-15　不同监测样点农药使用量

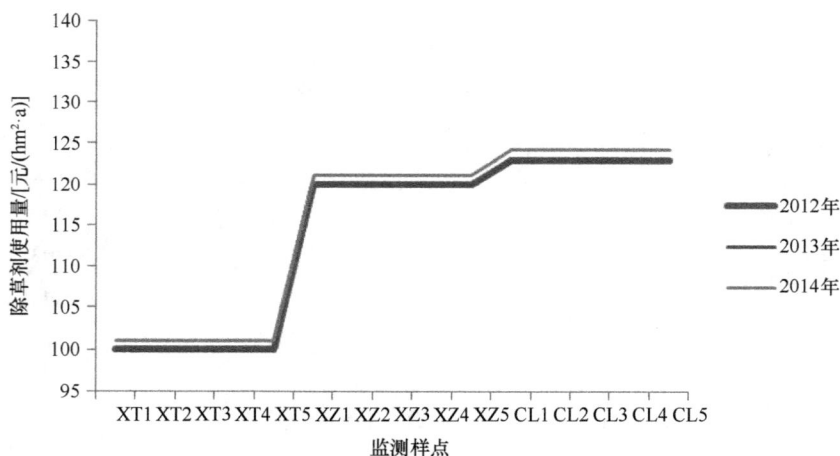

图 5-16　不同监测样点除草剂用量

6）容积率

图 5-18 表明，定位观测点容积率 2012~2014 年不变，其中各村（社区）3 年容积率的平均值表现为：小左村（0.00）=学田村（0.00）<常刘社区（0.716）。

7）建筑密度

图 5-19 表明，定位观测点建筑密度 2012~2014 年不变，其中各村（社区）3 年建筑密度的平均值表现为：小左村（0.00%）=学田村（0.00%）<常刘社区（35.32%）。

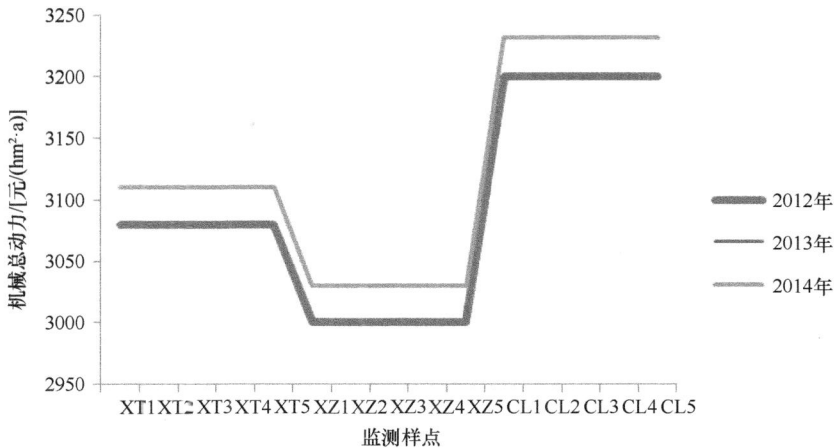

图 5-17　不同监测样点机械总动力

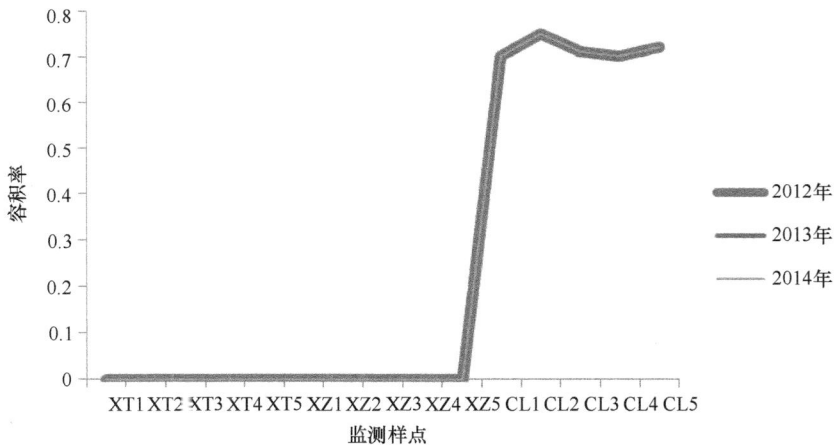

图 5-18　不同监测样点容积率

3. 农用地流转变化分析

1）农用地租赁价格

图 5-20 表明，定位观测点农用地租赁价格 2012~2013 年不变，2013~2014 年增加，其中各村（社区）3 年农用地租赁价格的平均值表现为：小左村[270900 元/（hm²·a）]=学田村[270900 元/（hm²·a）]<常刘社区[361200 元/（hm²·a）]。

2）劳动力价格

图 5-21 表明，定位观测点劳动力价格 2012~2014 年逐渐增加，其中，各村（社区）3 年劳动力价格的平均值表现为：学田村[73.33 元/（人·天）]<小左村[93.33 元/（人·天）]<常刘社区[133.33 元/（人·天）]。

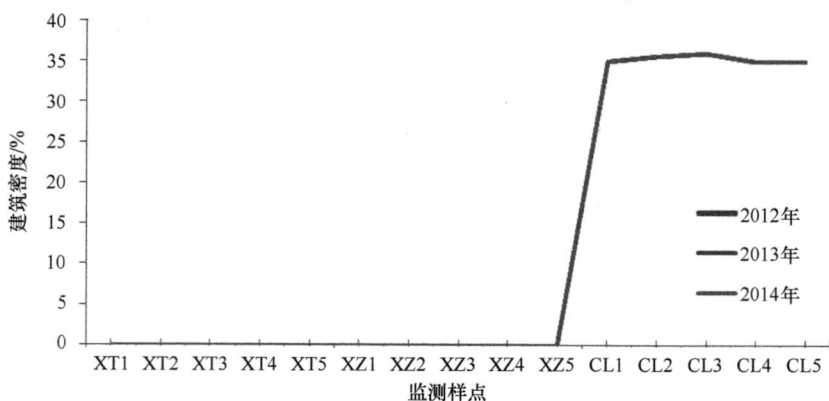

图 5-19　不同监测样点建筑密度

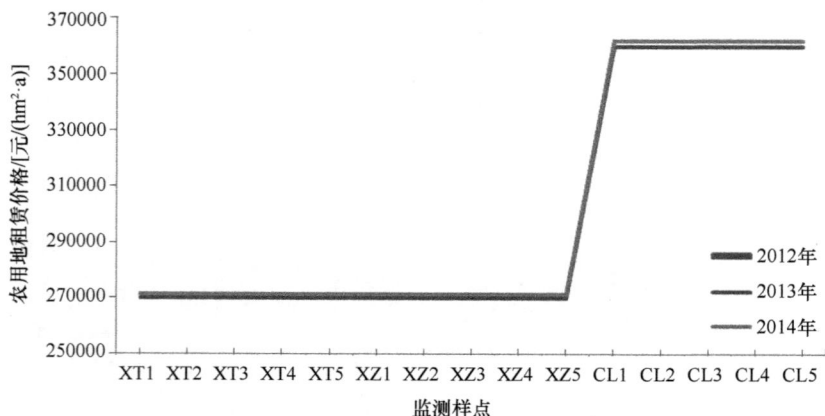

图 5-20　不同监测样点农用地租赁价格

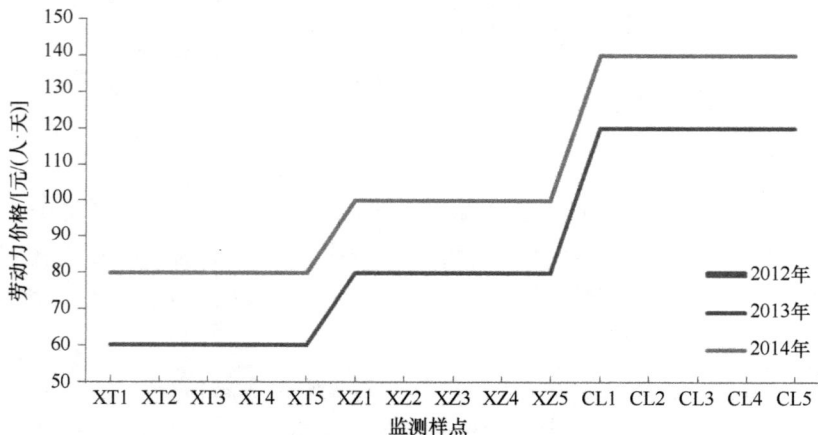

图 5-21　不同监测样点劳动力价格

3）撂荒土地面积

定位观测点撂荒土地面积 2012~2014 年不变，其中各村（社区）3 年撂荒土地面积的平均值表现为：学田村（0.00）=小左村（0.00）=常刘社区（0.00）。

5.3.2　农用地流转情况分析

2013 年度调查采用整群抽样方式进行入户调查，在新郑市选取 3 个典型乡镇的 3 个村（社区），其中龙王乡小左村作为传统农业区的典型代表、梨河镇学田村作为基本农田集中区的典型代表、薛店镇常刘社区作为新型农村社区的典型代表。在调查中一共发放调查问卷 500 份，共回收 463 份，回收率为 92.6%（表 5-6）。

表 5-6　调查问卷分布表

项目	龙王乡小左村	梨河镇学田村	薛店镇常刘社区	合计
调查问卷份数/份	252	200	48	500
有效调查问卷份数/份	237	187	39	463

此次调查的 500 位样本户涉及的总人口为 2453 人，其中劳动力为 1473 人，总耕地面积为 27.77hm²（416.55 亩），人均耕地面积为 0.081hm²（1.215 亩），户均宅基地面积为 0.024hm²（0.36 亩）。

1. 土地利用信息分析

调查显示，调查区域地处平原，地势平坦，户均耕地面积为 5.05 亩，人均耕地面积为 1.21 亩。近年来，国家加大了对该区域的土地综合整治及农田水利建设投资的力度，完善了农田基础设施，灌溉十分方便。田块经过调整，与农户宅基地的距离在 0.3~1.5km，便于农户耕作。该区域气候特征决定了其适合一年两季轮作，轮作作物为小麦—玉米、小麦—花生、蔬菜等，其中蔬菜仅占 16.87%，其余为小麦—玉米、小麦—花生轮作。从投入来看，结果与种植作物有关，小麦、玉米、花生的机械投入较多，每户年均支出 205.2 元；化肥投入差异不大，每户平均每年亩均化肥投入为 61.4 元；农药的投入因农户的耕作方式而存在较大差异，每户年均支出 81.1 元。从产出来看，玉米产量最高，达 1019.7 斤/亩，小麦 852.8 斤/亩，花生 646.3 斤/亩。同时，产出与投入之间高度相关，投入越高，产量越大，由此可见，当前调查区域的农作物的高产出是以高投入为基础的。

2. 农户信息分析

农户信息表中 81.9% 的户主年龄大于 50 岁，并且文化程度偏低，其中文化程

度为初中及以下的户主占 50.6%。经过多年计划生育政策的执行，户均人口为 4.9
人，青壮年劳动力基本常年外出打工，占调查总人口的 31.8%。农业兼业现象严
重，农地耕地方面基本是留守妇女及老人依靠传统经验耕作，但其对于农业科技
知识的掌握不足，从而影响耕地产能的提升。

3. 农户生产经营分析

在农户生产经营方面，农户现经营耕地面积户均 5.0 亩，其中 44.6%的被调查
农户的经营耕地面积在 5 亩以上，28.9%的农户经营耕地不多于 1 亩，被调查农户
的耕地面积存在较大差异，相对而言，经济发展较好的区域，户均耕地越少。农
户承包耕地情况为，35.2%的农户额外承包耕地以耕作，但是承包的耕地的规模普
遍不高，户均 2.5 亩，最多的农户仅有 11.5 亩。从种植收入来看，种植花生的收
益较高，达 12732 元/年；其次为种植玉米，收益为 1945 元/年；种植小麦的收益
最低，为 1937 元/年。农户的外出打工收入占其总收入的 78.3%，因此农户兼业
现象较普遍。在生产支出上，农户的支出主要在化肥、农药、灌溉、种子等方面，
其中化肥支出最多，占 20.2%，其次为种子，占 18.3%，随着国家对农田基础设
施的投资建设，农户的灌溉成本节省了不少，每户年均灌溉支出仅占生产支出的
7.0%。被调查农户的年生活支出远远大于生产支出，为生产支出的 3.7 倍。农户
的年生活支出为 28306 元/户，主要包括医疗、教育、交际、日常和其他支出，分
别为 3742 元/户、6120 元/户、3673 元/户、13745 元/户和 1026 元/户。由此可见，
日常支出为农户生活的主要支出，占 48.56%；同时，农户普遍重视教育，子女教
育方面的支出占生活支出的 21.62%，医疗支出占 13.22%，日常交际支出占 12.98%。

4. 土地质量调查分析

在调查中得知，近 10 年内被调查区域基本没有调整农户的承包地，与国家实
施的农村耕地承包经营权保持 30 年不变的大方针政策一致。由土地质量调查表可
知，农户有种植何种农作物的决策权，随着农业机械化的发展，种植小麦—玉米
更省心，也便于农户从事非农产业，因而在调查中 95%以上的农户的种植作物以
小麦—玉米轮作为主，耕地的耕作普遍采用机械翻耕方式。化肥主要使用复合肥，
平均每亩耕地施肥 198 斤。粪肥较少，并且施用不便，在调查中仅有 7.2%的农户
使用了粪肥。同时，化肥施用量与产量成正比，在一定范围内施用复合肥和粪肥
越多，产量就越高。对于残茬的处理，全部采用简单的还田方式，并且近 3 年经
营方式没有发生变化，残茬还田改善了农田土壤的结构性质，所以作物长势较好、
产量较高。调查区域的土壤类型以沙土和黏土为主，其中黄黏土、黏土的肥力较
高，沙土的肥力一般。上下层土壤的有机质含量区别明显，土层普遍松软，耕地

容易。同时土壤吸收水分很快，无流水，分布均匀。由于采取水平种植方式，并且注重对耕地的保护，因此沙土地无沙化现象，农户也愿意采取相应措施改善耕地质量。耕地基础地力较好，75.9%的被调查地块作物长势良好，77.1%的被调查地块作物叶片呈黑绿色。在调查中还发现，耕地与农户家庭距离越近，往年产量就越高，并且作物长势较好。

5.3.3　土地利用集约度变化

研究人员对新郑市及 15 个定位观测站点的建设用地容积率和建筑密度进行了调查，其变化规律如图 5-22 和图 5-23 所示。

图 5-22 表明，定位观测点建设用地容积率的变化规律为：常刘社区（0.8hm^2）>学田村（0.3hm^2）>小左村（0hm^2）。2012~2014 年新郑市区建设用地容积率变化不大。

图 5-23 表明，定位观测点建筑密度的变化规律为：常刘社区（35%）>学田村（10%）>小左村（5%），2012~2014 年新郑市区建筑密度变化不大。

5.3.4　土地资源质量变化监测分析

1. 土壤类型

表 5-7 和图 5-24 表明，新郑市监测样点主要有三种土壤类型，自西向东依次为褐土、潮褐土和砂土。定位观测点：常刘社区 5 个观测点均为潮土中的脱潮土类型，学田村 5 个观测点均为潮土中的潮褐土类型，小左村 5 个观测点中的 XZ1、XZ2 和 XZ3 均为砂土中的草甸风砂土类型，而 XZ4 和 XZ5 均为典型的砂土类型。

2. 高程和坡度

如图 5-25 和图 5-26 所示，该市西南和西北为低山丘陵地带，高程和坡度相对较大。其中，西南山区的海拔最高，约为780m，坡度值高于11°；西北丘陵区次之，其海拔为500m 左右，坡度值则相对较小，约为5°；中部和东部地势较低缓，平均海拔在85~150m，坡度低于2°。

3. 土壤有机质

由图 5-27 可知，定位观测点学田村、小左村和常刘社区 0~1m 土层土壤有机质（SOC）含量的变化情况为，均随土壤深度增大而减小。3 个观测站点间不同土层的有机质含量呈以下规律变化：学田村>小左村>常刘社区，其 0~1m 土层土壤有机质含量平均值分别为 13.0 g/kg、7.41 g/kg 和 3.87g/kg，其中小左村 0~40cm 土层土壤有机质含量变幅最大。

2012年12月 绘制   1：150000   河南省国土资源调查规划院 制图

(a) 2012年度

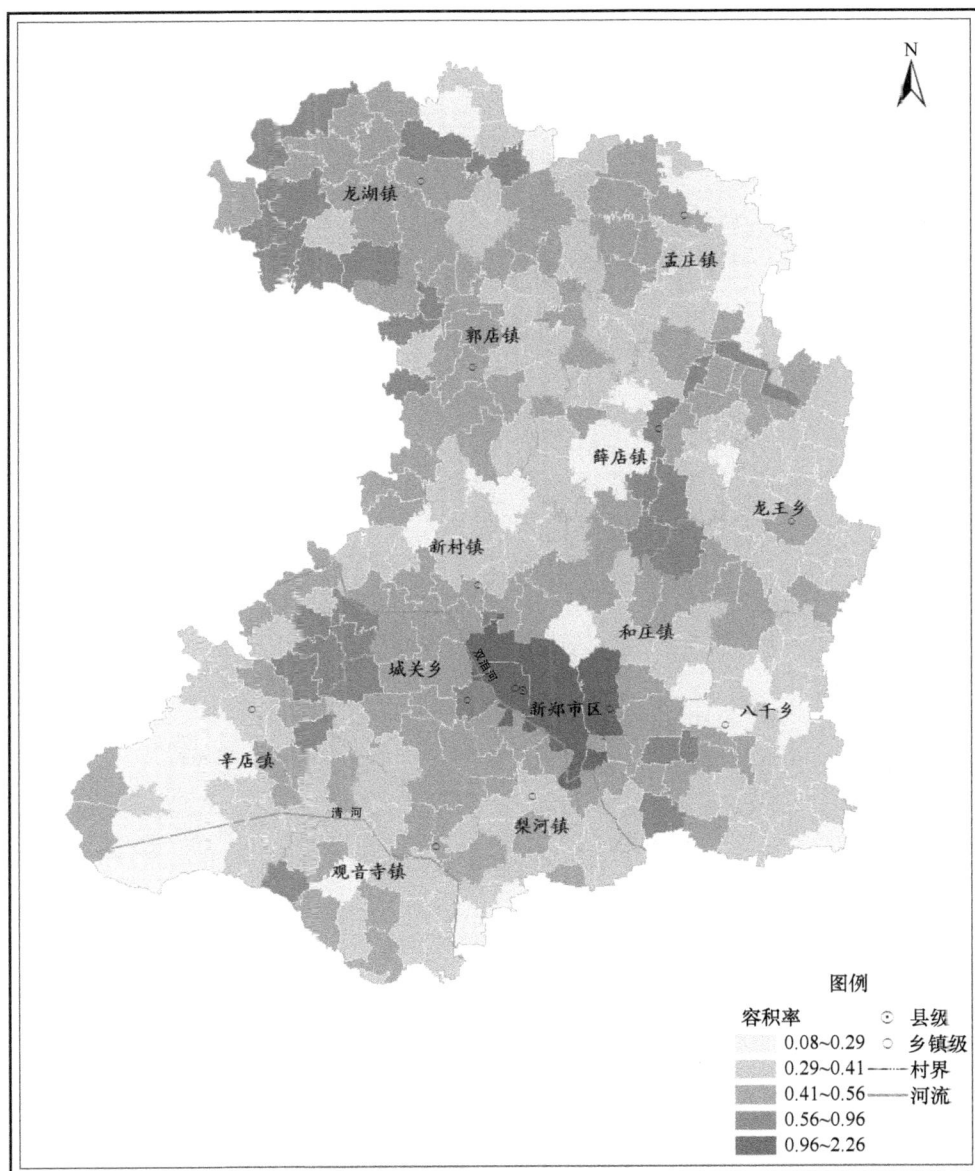

龙湖镇

孟庄镇

郭店镇

薛店镇

龙王乡

新村镇

和庄镇

城关乡

新郑市区

八千乡

辛店镇

梨河镇

潩河

观音寺镇

图例

容积率　　　　⊙　县级
0.08~0.29　○　乡镇级
0.29~0.41　---　村界
0.41~0.56　——　河流
0.56~0.96
0.96~2.26

2013年12月 绘制　　　　　　1∶150000　　　　　　河南省国土资源调查规划院 制图

(b) 2013年度

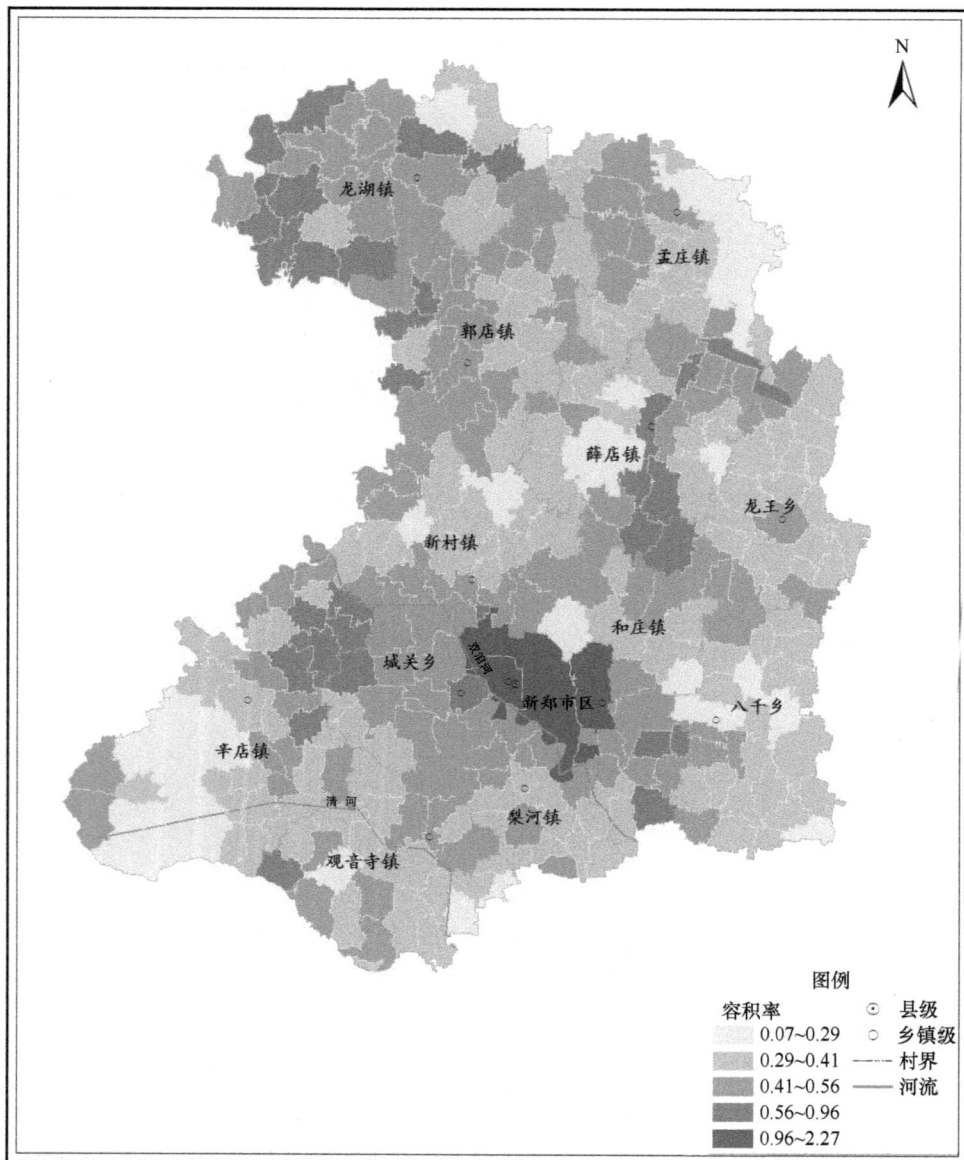

(c) 2014年度

图 5-22　新郑市及野外观测站点的建设用地容积率分级图

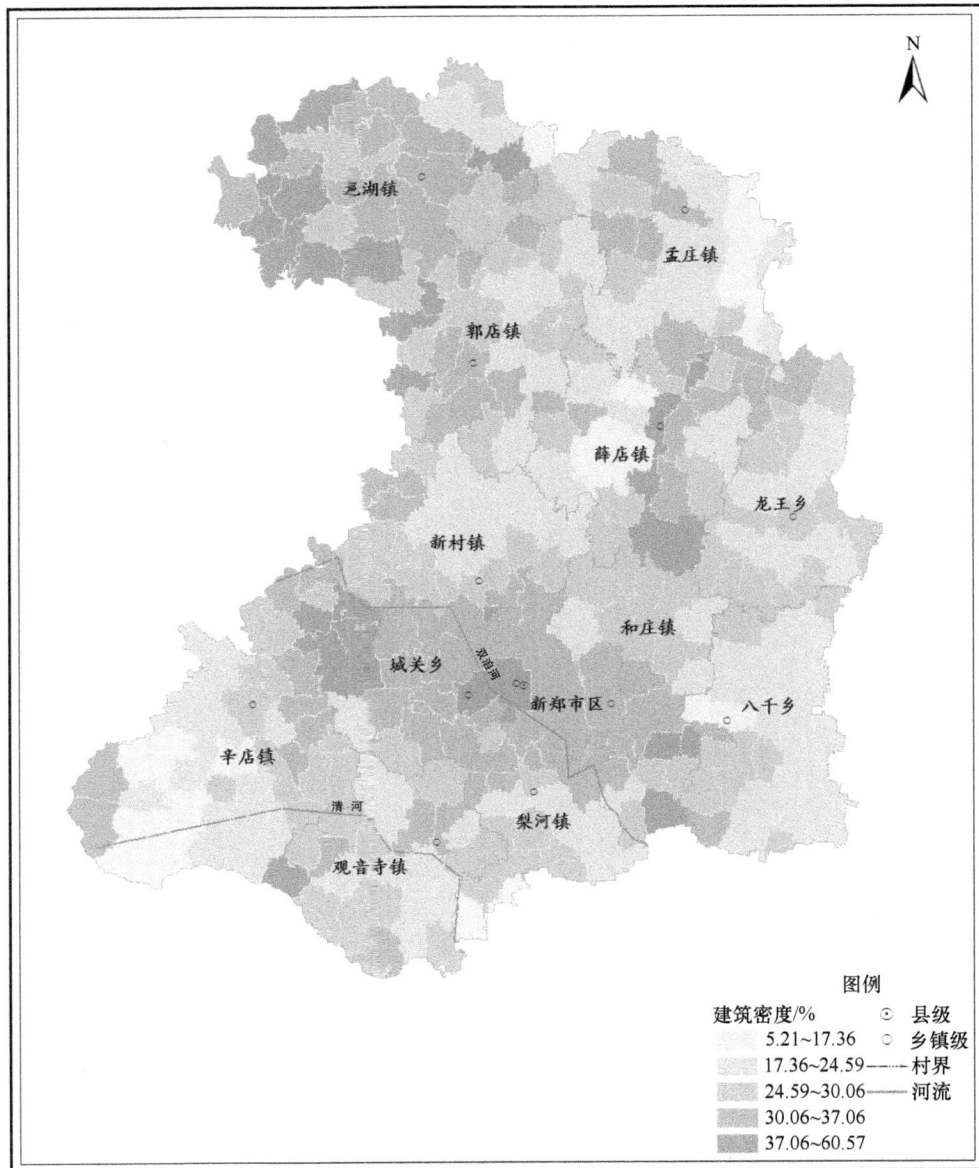

图例

建筑密度/%　　　⊙　县级

　5.21~17.36　　○　乡镇级

　17.36~24.59 ——— 村界

　24.59~30.06 ——— 河流

　30.06~37.06

　37.06~60.57

2012年12月绘制　　　　　1：250000　　　　河南省国土资源调查规划院　制图

(a) 2012年度

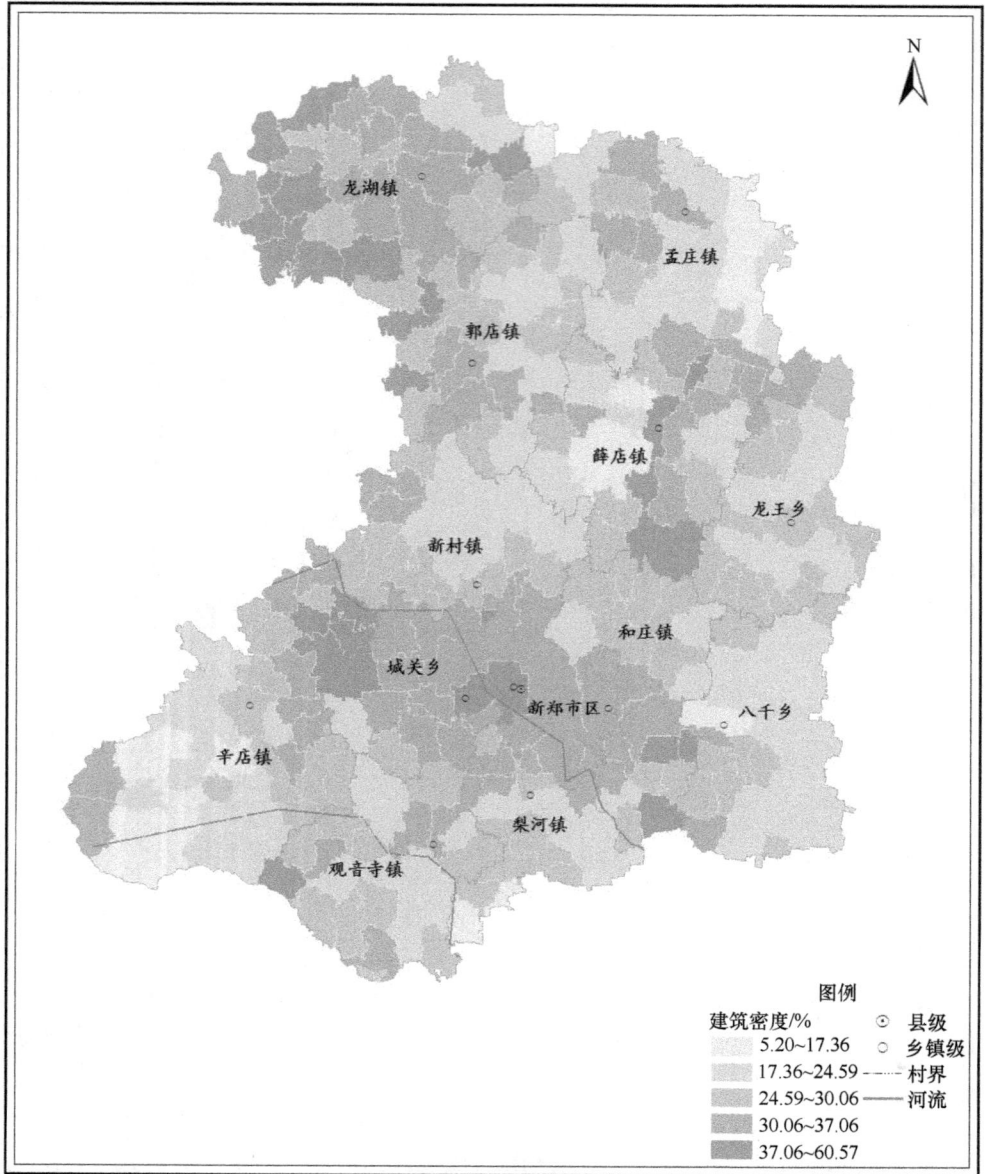

(b) 2013年度

2013年12月 绘制　　　　　　　1：150000　　　　　　　河南省国土资源调查规划院 制图

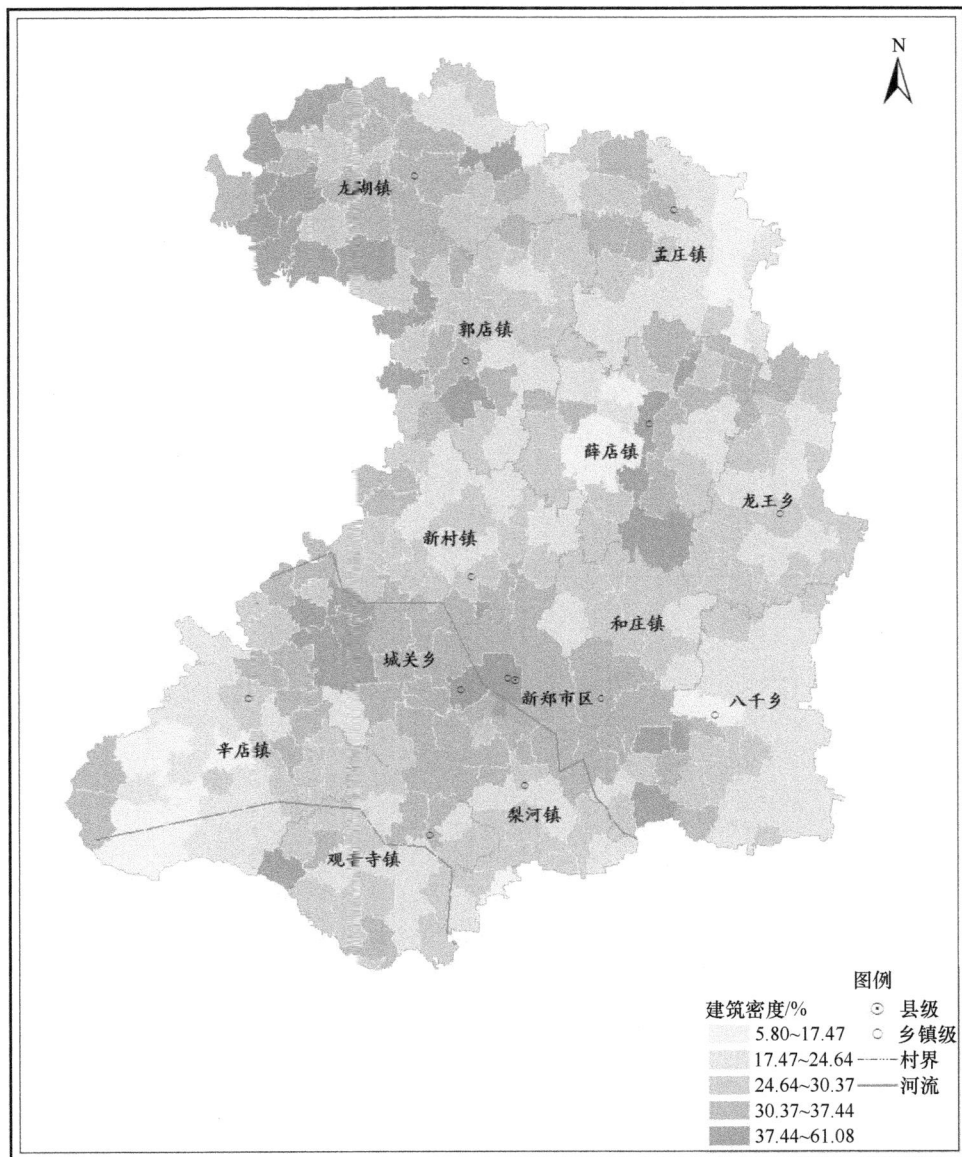

图例

建筑密度/%　　　⊙　县级
5.80~17.47　　○　乡镇级
17.47~24.64　---　村界
24.64~30.37　——　河流
30.37~37.44
37.44~61.08

2014年12月 绘制　　　　1∶150000　　　　河南省国土资源调查规划院　制图

(c) 2014年度

图 5-23　新郑市及野外观测站点的建筑密度分级示意图

表 5-7　野外观测站点的土壤类型

样点编号	所在村	所在乡（镇）	耕作层厚度/cm	障碍层厚度/m	土地构型	土壤质地
XT1	学田村	梨河镇	30	>1	深位黏质垫层型	黏土
XT2	学田村	梨河镇	30	>1	深位黏质垫层型	黏土
XT3	学田村	梨河镇	30	>1	深位黏质垫层型	黏土
XT4	学田村	梨河镇	30	>1	深位黏质垫层型	黏土
XT5	学田村	梨河镇	30	>1	深位黏质垫层型	黏土
XZ1	小左村	龙王乡	30	>1	砂均质型	砂土
XZ2	小左村	龙王乡	30	>1	砂均质型	砂土
XZ3	小左村	龙王乡	30	>1	砂均质型	砂土
XZ4	小左村	龙王乡	30	>1	砂均质型	砂土
XZ5	小左村	龙王乡	30	>1	砂均质型	砂土
CL1	常刘社区	薛店镇	30	>1	深位黏质垫层型	黏土
CL2	常刘社区	薛店镇	30	>1	深位黏质垫层型	黏土
CL3	常刘社区	薛店镇	30	>1	深位黏质垫层型	黏土
CL4	常刘社区	薛店镇	30	>1	深位黏质垫层型	黏土
CL5	常刘社区	薛店镇	30	>1	深位黏质垫层型	黏土

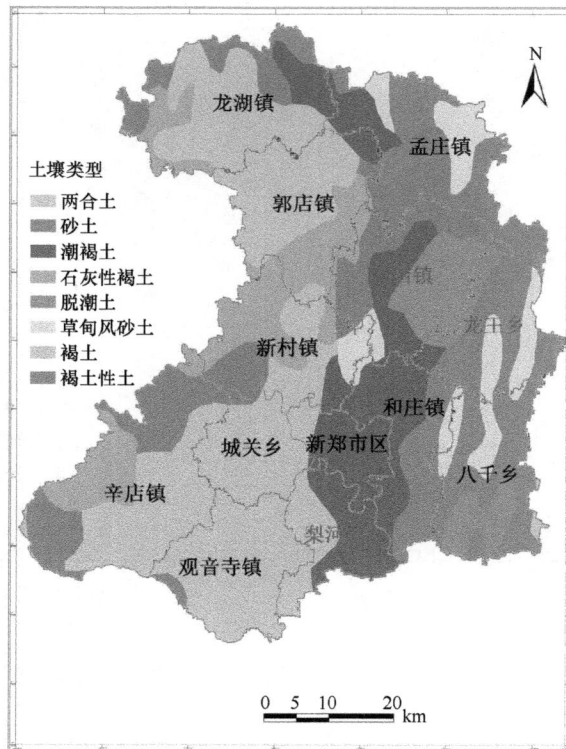

图 5-24　新郑市及野外观测站点的土壤类型图

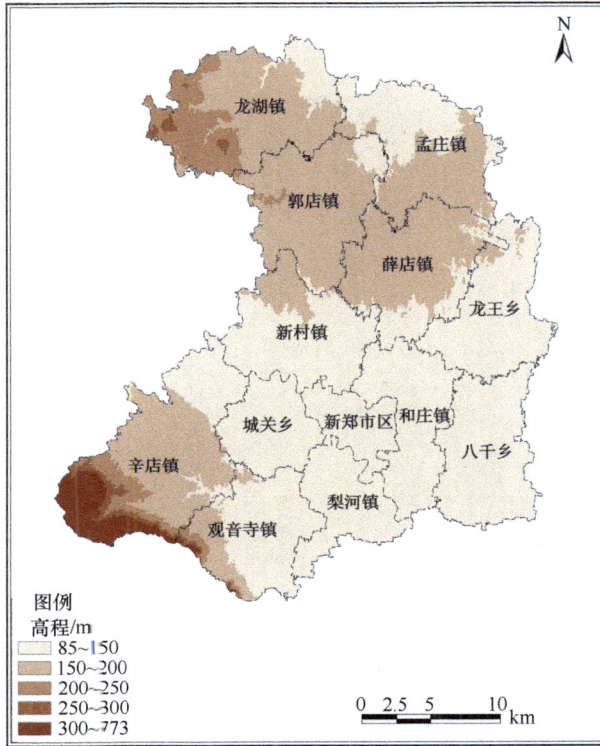

图 5-25　新郑市高程分布图

4. 全氮

图 5-28 可知，3 个观测站点间不同土层全氮含量整体呈以下规律变化：学田村>小左村>常刘社区，其 0~1m 土层土壤全氮含量平均值分别为 0.61 g/kg、0.431 g/kg 和 0.439 g/kg，其中常刘社区不同土层间土壤全氮含量变幅最大。

5. 碱解氮

图 5-29 表明，定位观测点碱解氮 3 年内几乎没有变化，其中各村（社区）3 年的碱解氮的平均值表现为：小左村（7.75 g/kg）<学田村（8.39 g/kg）<常刘社区（9.90 g/kg）。

6. 铵态氮

由图 5-30 可知，定位观测点铵态氮含量在 2012~2014 年间逐年升高，其中各村（社区）3 年的铵态氮平均值表现为：学田村（14.1 mg/kg）>小左村（12.02 mg/kg）>常刘社区（11.3 mg/kg）。

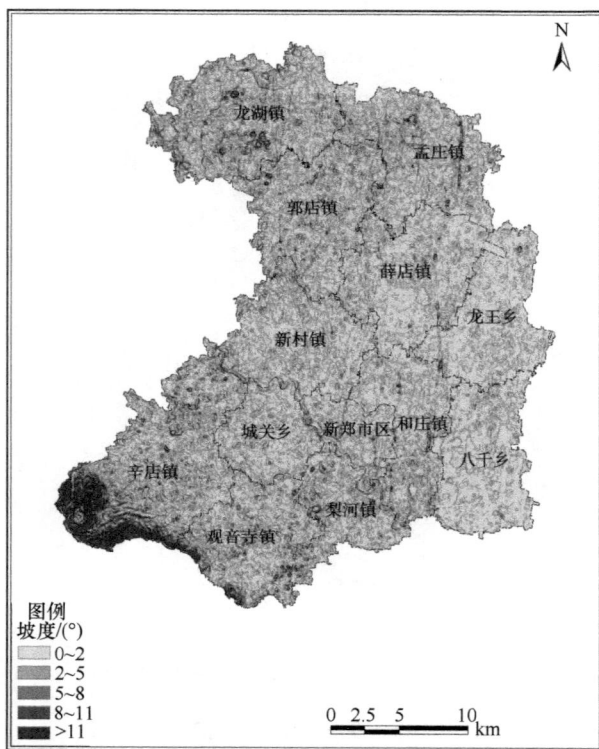

图 5-26　新郑市坡度分布图

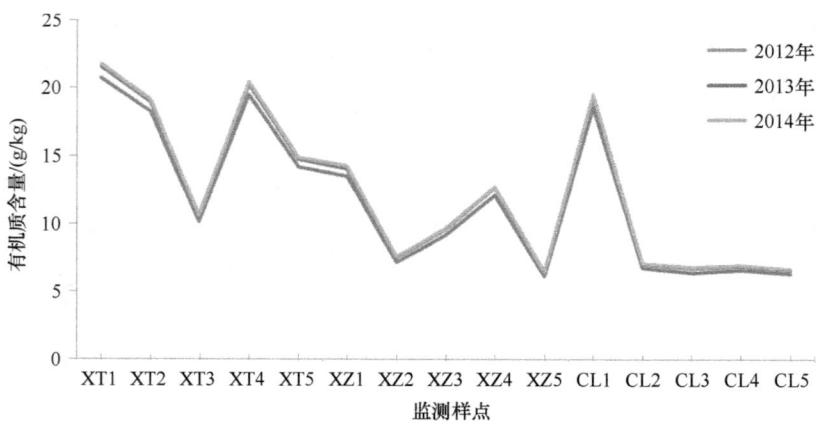

图 5-27　不同监测样点土壤有机质含量图

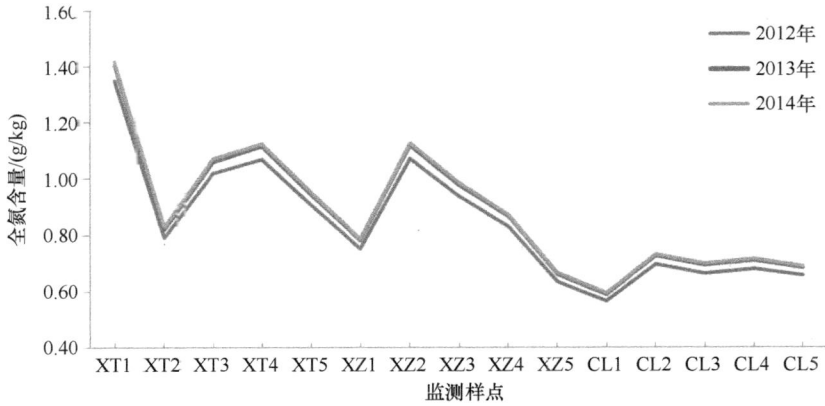

图 5-28　不同监测样点 0~1m 土层土壤全氮含量图

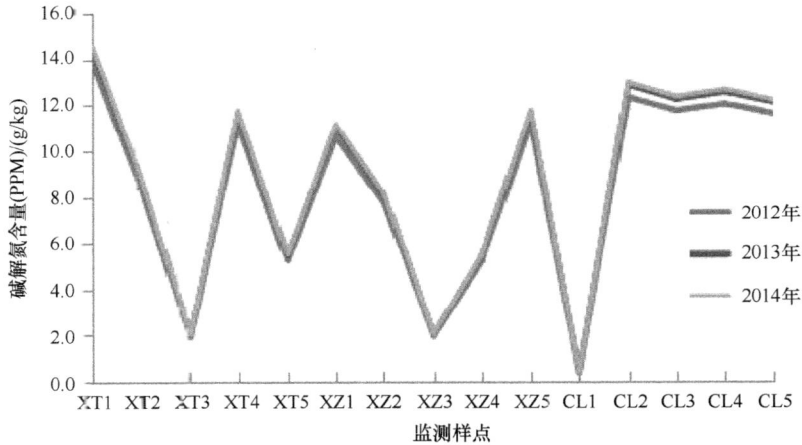

图 5-29　不同监测样点碱解氮含量图

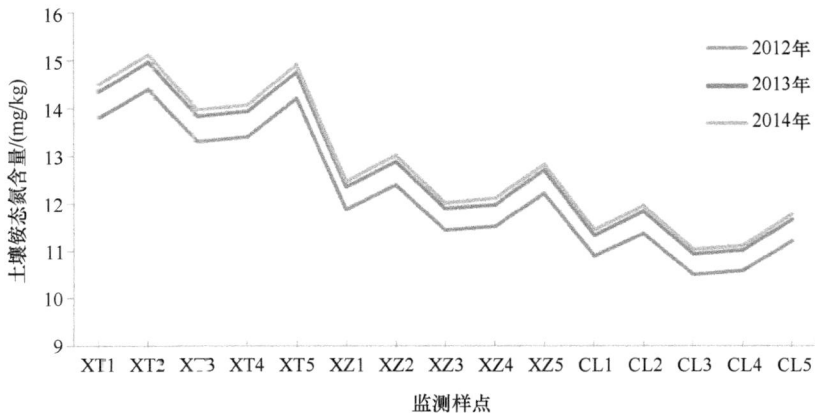

图 5-30　不同监测样点土壤铵态氮含量图

7. 硝态氮

由图 5-31 可知，定位观测点硝态氮含量在 2014 年最高，略高于 2013 年硝态氮含量，2012 年硝态氮含量最低。其中各村（社区）3 年的硝态氮平均值表现为：学田村（18.5mg/kg）>常刘社区（18.28mg/kg）>小左村（14.62mg/kg）。

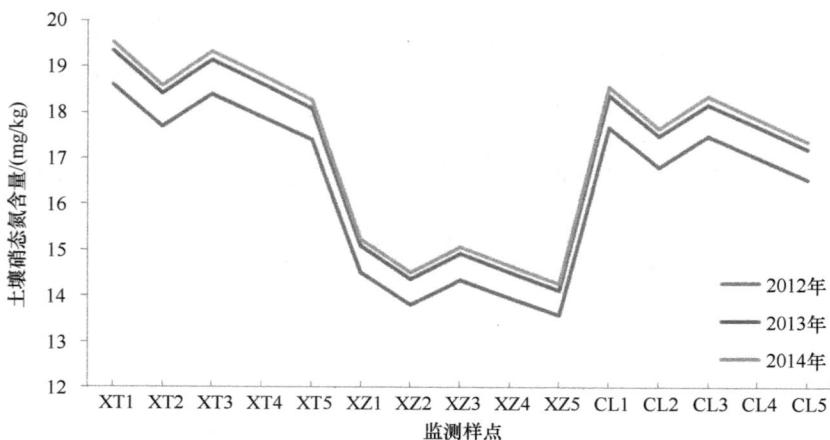

图 5-31　不同监测样点硝态氮含量图

8. 速效钾

学田村、小左村和常刘社区 0~1m 土层土壤速效钾含量如图 5-32，但常刘社区 0~1m 土层土壤速效钾含量变化幅度较小。3 个观测站点间不同土层土壤速效钾含量整体呈以下规律变化：学田村>小左村>常刘社区，其 0~1m 土层土壤速效钾含量平均值分别为 100.02 mg/kg、82.30 mg/kg 和 71.14 mg/kg。

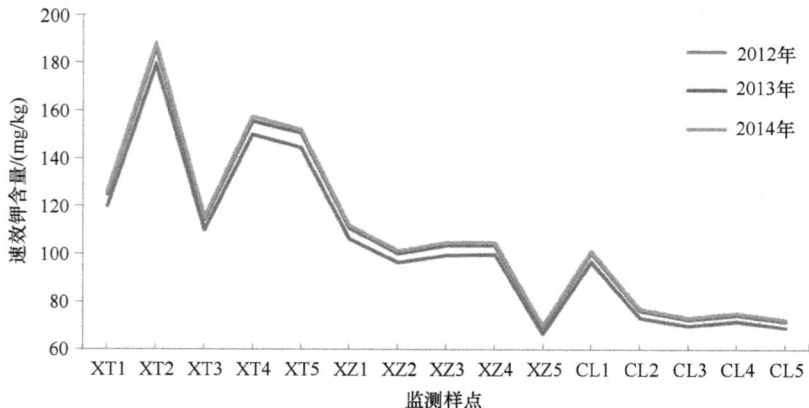

图 5-32　不同监测样点 0~1 m 土层土壤速效钾含量图

9. 全磷

学田村、小左村和常刘社区 0~1m 土层土壤全磷含量如图 5-33。3 个观测站点间不同土层全磷含量整体呈以下规律变化：常刘社区>学田村>小左村，其 0~1m 土壤全磷含量平均值分别为 0.84g/kg、0.78g/kg、0.66g/kg。

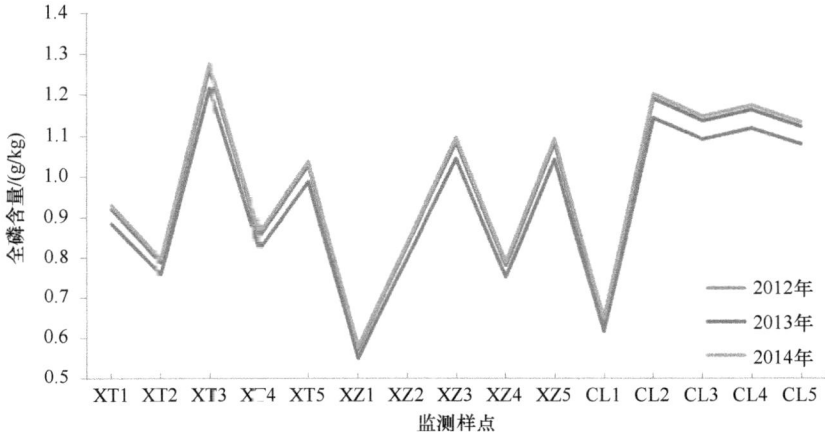

图 5-33　不同监测样点 0~1 m 土层土壤全磷含量图

10. 速效磷

图 5-34 表明，定位观测点速效磷 3 年内几乎无变化，其中各村（社区）3 年速效磷的平均值表现为：小左村（11.26mg/kg）>学田村（7.32mg/kg）>常刘社区（5.34mg/kg）。

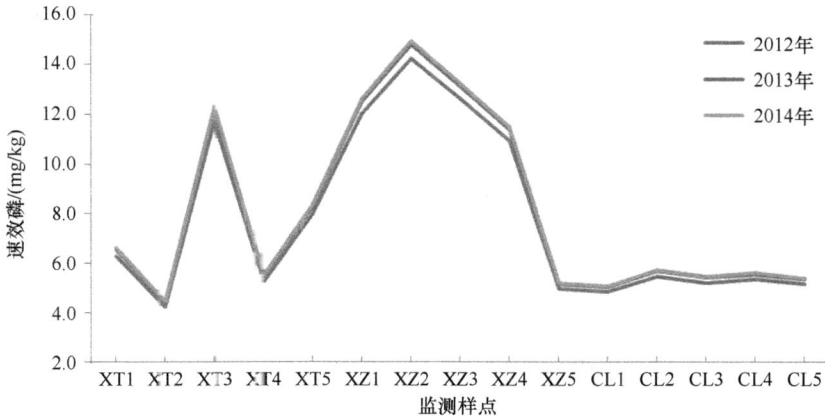

图 5-34　不同监测样点速效磷含量图

11. 土壤含盐量

图 5-35 表明，定位观测点土壤含盐量 3 年内几乎无变化，其中各村（社区）3 年土壤含盐量的平均值表现为：常刘社区（0.066%）=小左村（0.066%）<学田村（0.068%）。

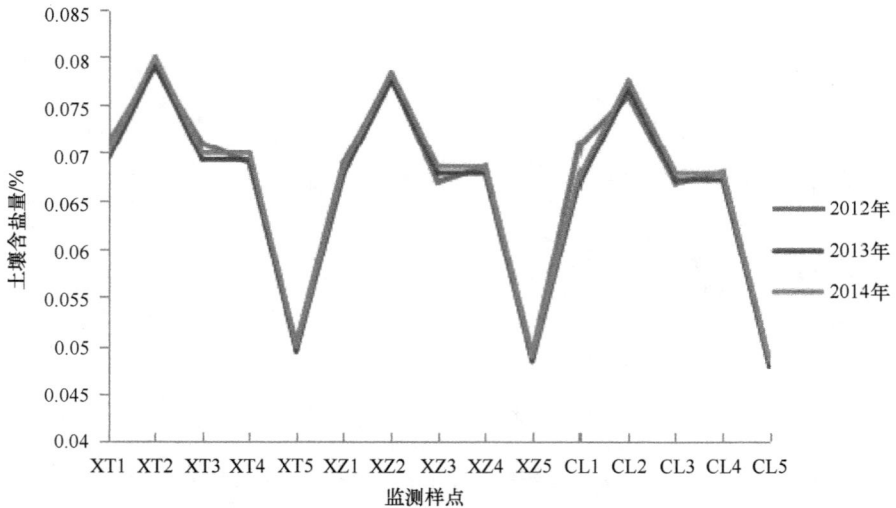

图 5-35　不同监测样点土壤含盐量图

12. 千粒重

定位观测点千粒重在 2012~2014 年如图 5-36，其中各村（社区）3 年的千粒重的平均值表现为：学田村（37.22 g）>常刘社区（36.45 g）>小左村（36.43 g）。

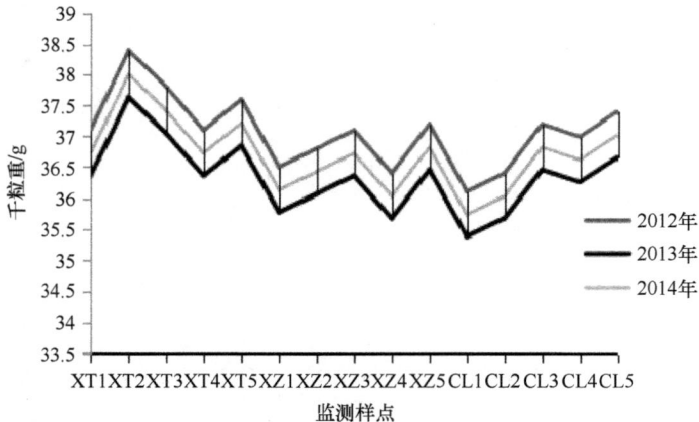

图 5-36　不同监测样点千粒重变化特征图

13. 生物量

图 5-37 表明,定位观测点生物量在 2012~2014 年逐渐增大,其中各村（社区）3 年的生物量的平均值表现为：学田村（118.28t/hm²）>小左村（105.47t/hm²）>常刘社区（70.99t/hm²）。

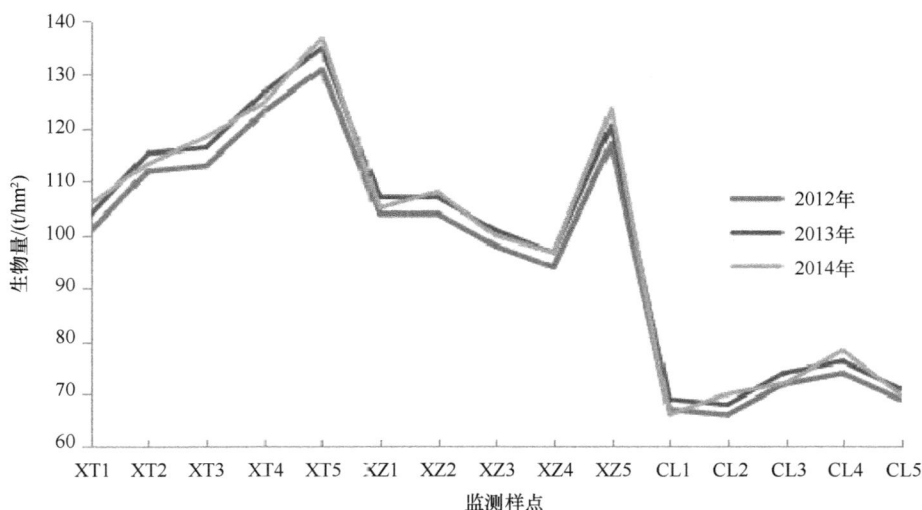

图 5-37　不同监测样点生物量变化特征图

14. 作物年产量

图 5-38 表明,定位观测点作物年产量在 2012~2014 年逐渐增大,其中各村（社区）3 年作物年产量的平均值表现为：学田村（3592.04g/m²）>小左村（3458.29g/m²）>常刘社区（3385.87g/m²）。

15. 土壤含水量（雨季）

图 5-39 表明,定位观测点土壤含水量(雨季)在 2012~2013 年下降,2013~2014年上升,其中各村（社区）3 年土壤含水量（雨季）的平均值表现为：学田村（21.36mm）>小左村（20.47mm）>常刘社区（20.37mm）。

16. 土壤含水量（旱季）

图 5-40 表明,定位观测点土壤含水量(旱季)在 2012~2013 年下降,2013~2014年上升,其中各村（社区）3 年土壤含水量（旱季）的平均值表现为：学田村（334.50mm）>小左村（334.43mm）=常刘社区（334.43mm）。

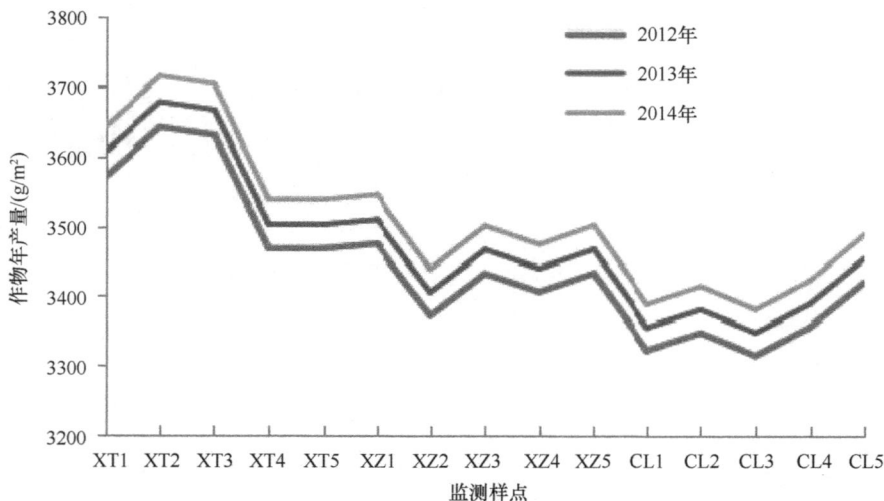

图 5-38　不同监测样点作物年产量

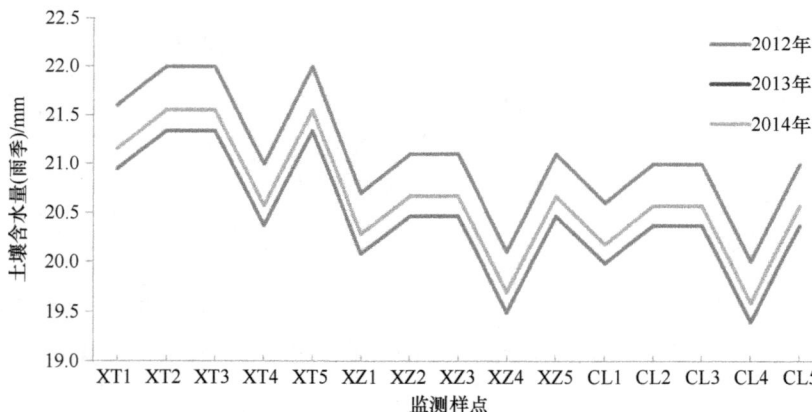

图 5-39　不同监测样点土壤含水量（雨季）

5.3.5　土地资源生态变化监测分析

1. 有机物污染浓度

图 5-41 表明，定位观测点有机物污染浓度在 2012~2014 年呈减小趋势，2014年有机物污染浓度明显低于 2012、2013 两个年份，其中各村（社区）3 年有机物污染浓度的平均值表现为：小左村（22.38%）＜学田村（22.83%）＜常刘社区（24.34%）。

2. 化肥污染负荷率

图 5-42 表明，定位观测点化肥污染负荷率在 2012~2014 年基本上逐渐减小，

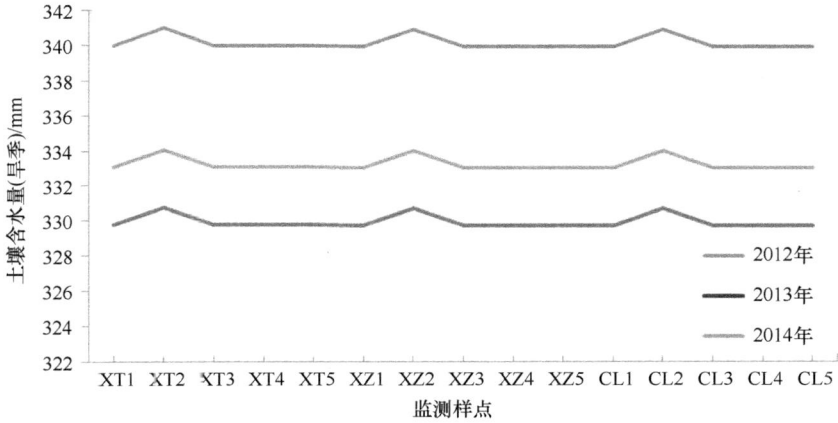

图 5-40　不同监测样点土壤含水量（旱季）

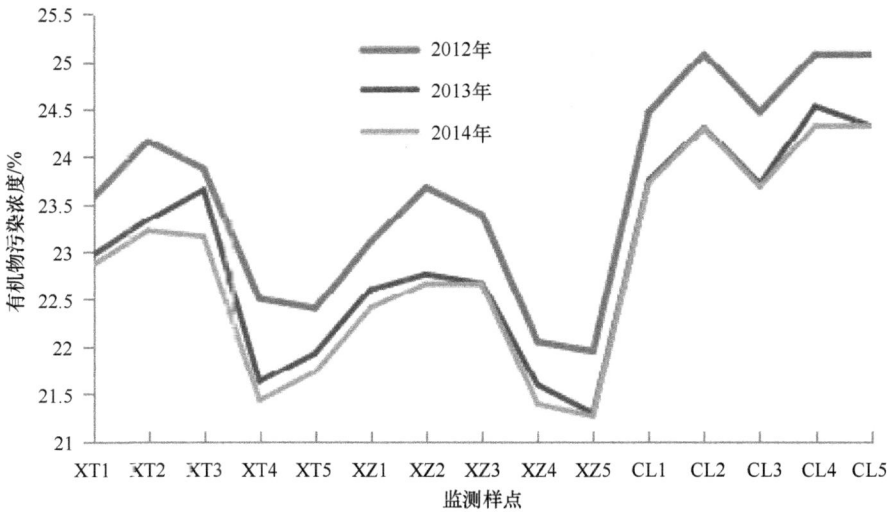

图 5-41　不同监测样点有机物污染浓度图

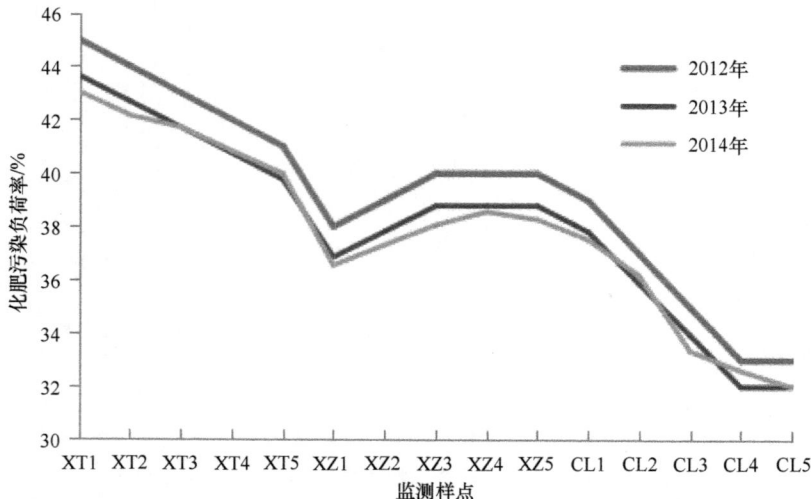

图 5-42　不同监测样点化肥污染负荷率

其中各村（社区）3 年化肥污染负荷率的平均值表现为：学田村（42.15%）>小左村（38.61%）>常刘社区（34.69%）。

3. 重金属综合污染指数

图 5-43 表明，定位观测点重金属综合污染指数在 2012~2014 年逐渐减小，其中各村（社区）3 年重金属综合污染指数的平均值表现为：学田村（0.30）<小左村（0.33）<常刘社区（0.41）。

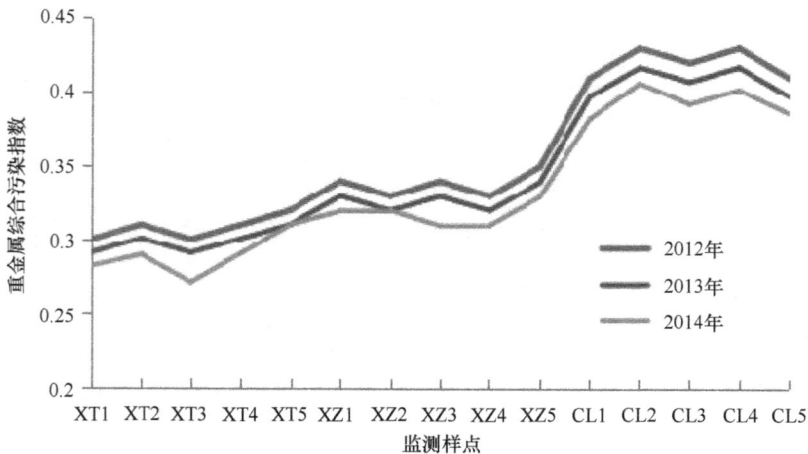

图 5-43　不同监测样点重金属综合污染指数

4. 光合有效辐射（PAR）

图 5-44 表明，定位观测点 PAR 值在 2012~2014 年逐渐增大，其中各村（社区）3 年 PAR 的平均值表现为：学田村（1451.01W/m²）>小左村（1430.73W/m²）>常刘社区（1388.96W/m²）。

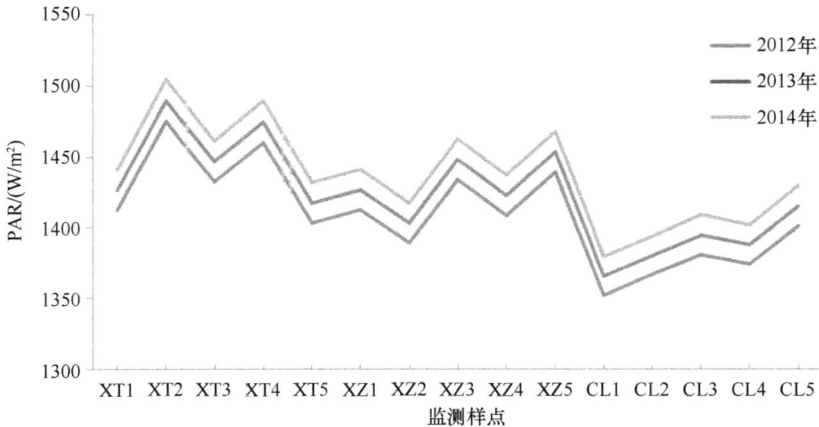

图 5-44　不同监测样点 PAR 变化特征图

5. 植被覆盖度

图 5-45 表明，定位观测点植被覆盖度在 2012~2014 年大体上降低，其中各村（社区）3 年的植被覆盖度的平均值表现为：小左村（0.970）>学田村（0.966）>常刘社区（0.960）。

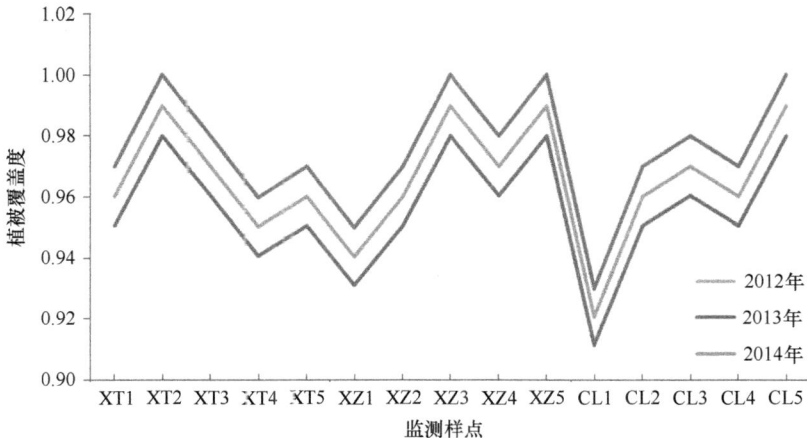

图 5-45　不同监测样点植被覆盖度变化特征图

6. 叶面积指数（LAI）

图 5-46 表明，定位观测点 LAI 值在 2012~2014 年逐渐增大，其中各村（社区）3 年的 LAI 平均值表现为：学田村（4.53）>小左村（4.26）>常刘社区（4.06）。

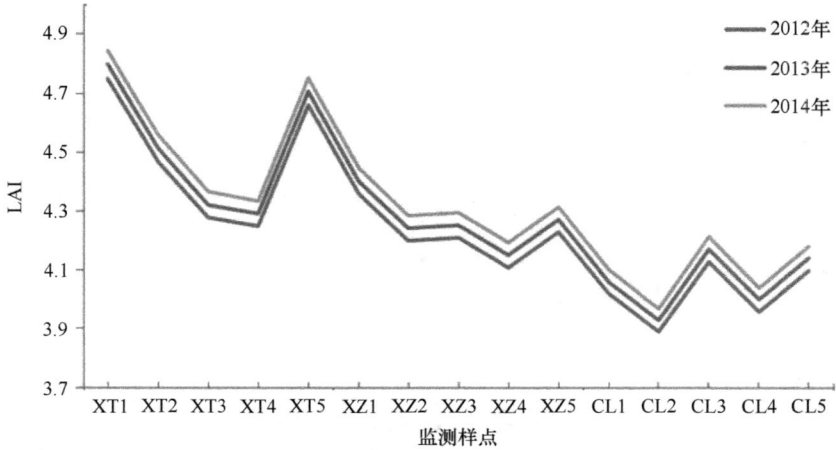

图 5-46　不同监测样点 LAI 变化特征图

7. 光合有效辐射比率（FPAR）

由图 5-47 表明，定位观测点光合有效辐射比率（FPAR）2012~2014 年间变化无明显规律，其中各村（社区）3 年的光合有效辐射比率（FPAR）平均值表现为：学田村（0.63）>小左村（0.35）>常刘社区（0.16）。

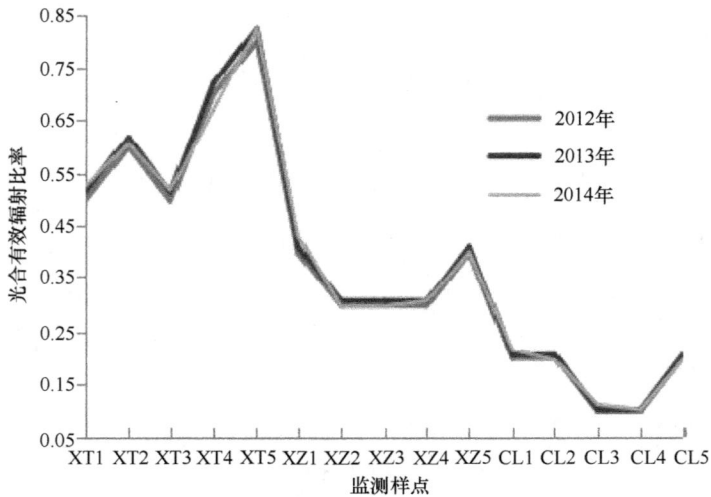

图 5-47　不同监测样点光合有效辐射比率变化特征图

8. 秸秆还田比例

图 5-48 表明，定位观测点秸秆还田比例在 2012~2013 年增大，2013~2014 年减小，其中各村（社区）3 年秸秆还田比例的平均值表现为：学田村（98.86%）>小左村（97.31%）>常刘社区（93.05%）。

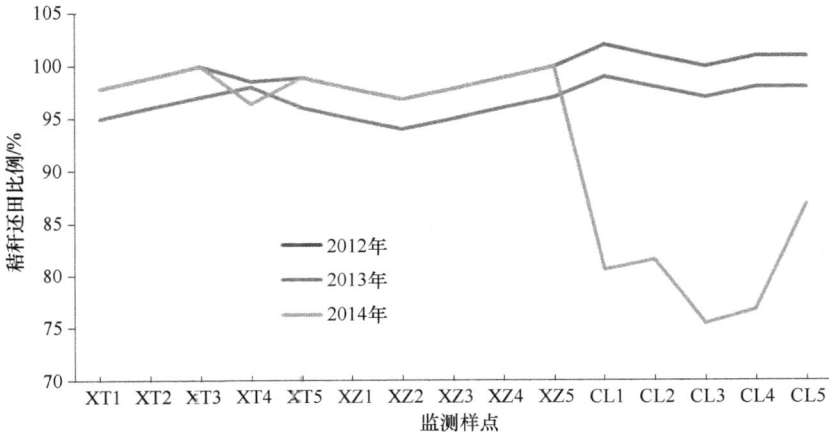

图 5-48　不同监测样点秸秆还田比例

9. 林网化密度

图 5-49 表明，定位观测点林网化密度在 2012~2014 年逐渐增大，其中各村（社

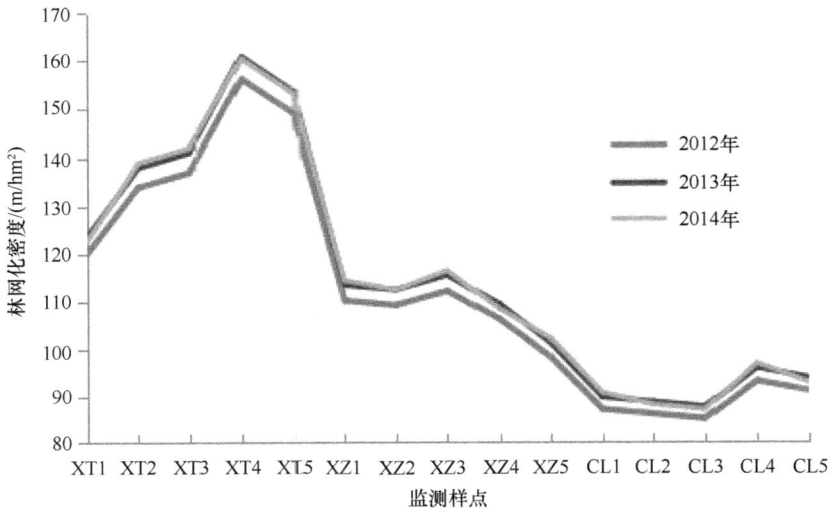

图 5-49　不同监测样点林网化密度

区）3 年林网化密度的平均值表现为：学田村（141.98 m/hm²）>小左村（109.14 m/hm²）>常刘社区（90.17 m/hm²）。

10. 渠网密度

图 5-50 表明，定位观测点渠网密度在 2012~2014 年稍有增加，其中各村（社区）3 年渠网密度的平均值表现为：小左村（6.73m/hm²）>学田村（4.69m/hm²）>常刘社区（3.47m/hm²）。

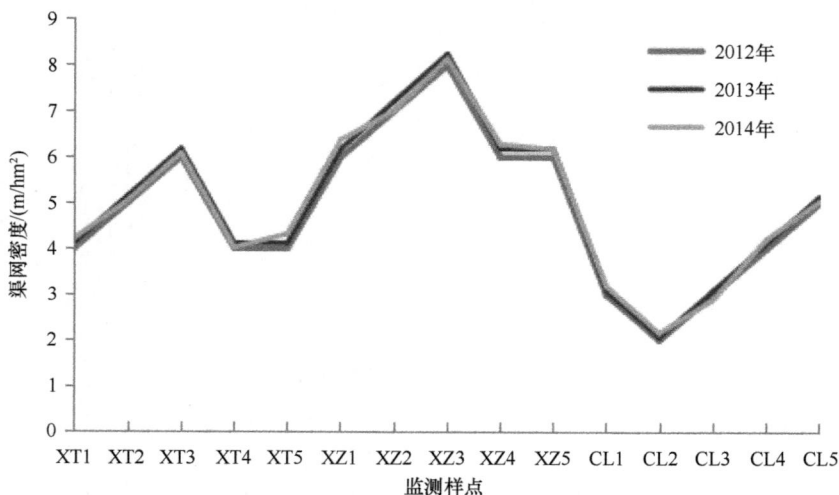

图 5-50　不同监测样点渠网密度

第6章 中原粮食主产区土地资源数量-质量-生态状况（土地生态文明建设）评价

党的十八大报告首次将"大力推进生态文明建设"独立成章，将生态文明建设与经济建设、政治建设、文化建设和社会建设并列，构成中国特色社会主义"五位一体"的总体战略布局。

中原经济区建设上升为国家战略，为河南省"十二五"时期的发展提供了前所未有的重大机遇，河南省的城镇化、工业化和农业现代化将继续保持加快推进的态势。在保障经济社会发展对国土资源的需求的同时，加快转变资源利用方式和经济发展方式，国土资源管理既面临重大历史机遇，也面临诸多矛盾和挑战。主要表现为：一是耕地保护形势严峻，建设用地供需矛盾突出；二是矿产资源供需矛盾日益凸显，开发利用难度提高；三是资源开发利用与环境保护矛盾日益突出，保护和改善生态环境的任务更艰巨；四是管护技术手段落后，信息化水平低，难以准确、快速、及时、有效地管护土地资源。而进行土地生态文明（土地数量-质量-生态）建设，将成为破解中原粮食主产区土地资源瓶颈制约问题的必然选择。

土地生态文明是伴随生态文明、土地可持续利用的研究而逐渐成长起来的。国内外相关学者围绕生态文明内涵（廖曰文和章燕妮，2011；冯之浚，2013）、行业生态文明指标体系（张黎丽，2011；成金华等，2013）和不同尺度的生态文明实证评价（张欢等，2014；郭玉玲，2014）等方面进行了系统研究，并取得了较大进展。然而，到目前为止，尚缺乏土地生态文明的评价指标体系，针对土地生态文明发展程度的定量评价亦鲜见报道。鉴于此，开展土地生态文明研究，尤其是粮食主产区土地生态文明研究，不仅能使土地生态文明建设尽快进入实际操作层面，为其定量考核、准确评价、科学规划等提供理论依据，而且可以发挥其在相关领域的示范引领作用，进而可丰富和促进国家生态文明建设。

6.1 数据来源及研究方法

6.1.1 数据来源及整理

本书土地数量方面的数据来源于新郑市土地变更调查数据；土地质量方面的数据一方面来源于新郑市的统计年鉴，另一方面来源于本书定位实验的实测数据；

土地生态方面的数据主要来源于国土资源部公益性行业科研专项（201211050）研究成果；土地利用制度方面的数据来源于农户问卷调查和访谈（表6-1），以及新郑市国民经济和社会发展统计公报。本书调查问卷在 3 个行政村、115 户、460 名农民中开展，调查问卷基本信息如下。

表 6-1　样本分布情况统计

乡镇	村名	居民户数	有效问卷/份数
龙王乡	小左村	52	47
梨河镇	学田村	43	39
薛店镇	常刘社区	20	18
	合计	115	104

6.1.2　土地生态文明建设测度方法

由于各指标度量单位不同，因此不能直接将其用于计算和比较，应先做无量纲化处理，已消除评价指标的量纲影响，具体采用以下极值标准化法。

对于正向作用指标，进行如下转换：

$$Y_{ijk} = \left[y_{ijk} - \min(y_{ijk}) \right] / \left[\max(y_{ijk}) - \min(y_{ijk}) \right] \tag{6-1}$$

对于负向作用指标，进行如下转换：

$$Y_{ijk} = \left[\max(y_{ijk}) - y_{ijk} \right] / \left[\max(y_{ijk}) - \min(y_{ijk}) \right] \tag{6-2}$$

式中，Y_{ijk} 为第 i 个准则层、第 j 个指标层、第 k 个元指标标准值；y_{ijk} 为某评价指标原始值；$\max(y_{ijk})$ 为标准化前某项指标的最大值；$\min(y_{ijk})$ 为标准化前某项指标的最小值。标准化后，根据土地生态文明建设评价指标体系的构成，采用以下公式计算土地生态文明建设的综合分值：

$$S = \sum_{i=1}^{4} \left(W_i \times \left(\sum_{j=1}^{n} \left[W_j \times \sum_{k=1}^{m} (W_k \times Y_k) \right] \right) \right) \tag{6-3}$$

式中，S 为土地可持续利用分值；n 为指标层的数量；m 为元指标数量；Y_k 为元指标数值；W_i 为准则层的权重；W_j 为指标层的权重；W_k 为元指标的权重。指标权重 W_i、W_j、W_k 的确定采用德尔菲法，通过面谈、电子邮件、电话等方法征求了国内十余位生态文明、土地可持续利用研究专家的意见，同时结合熵值法对指标权重的赋值进行合理修正。本书将土地生态文明建设程度分为模范、先进、良好及普通 4 个等次。

6.1.3 土地生态文明建设图件绘制方法

首先应用 ArcGIS 9.3 软件将样点数据标准化（Beijing_1954_GK_Zone_19），并在其"地统计模块"中进行趋势分析，然后进行 Kriging 插值、空间分析操作，以及绘制各空间分布图件。

6.2 土地生态文明内涵及特征

生态文明是指人类在社会各项活动中，遵循自然、经济、社会发展规律，在积极改造自然满足自身发展的同时，优化人与自然、人与人、人与社会之间的关系，为实现人类与自然的和谐发展和科学发展所做的全部努力和取得的全部成果（张黎丽等，2011；成金华等，2013）。

从粮食主产区土地生态文明的内涵来看，土地生态文明主要具有以下 3 个方面的特征。

（1）在生态上表现为保持一定数量、结构合理的土地，粮食主产区土地质量无退化，土地资源持续保持较高的生产力，可持续能力和生态功能不断提高。

（2）在经济上表现为土地不断地被合理配置和高效利用，即从数量一定的土地上产出尽可能多的经济效益，同时要能维持土地的高效产出功能。另外，土地生态文明要求实现土地利用的生态化，要求发展循环土地经济，推动经济社会的可持续发展。

（3）在土地利用上表现为不仅要满足当代人需要，而且要遵循各代人之间平等的原则，确保后代人的生存与发展，即保持土地配置、利用及效益等方面在代内及代际公平。土地可持续利用显现了生态文明中的协同和公平。协同，即土地资源的利用应考虑社会进步、经济增长和环境保护三者之间的关系，体现土地利用的目的是满足人类的长期需要。土地在使用过程中必须保持其质量不退化，不造成生态环境破坏和污染，不削弱经济发展的基础。公平，即土地利用能保证各代人平等享受土地功能，同时也能使其他生物种群具有它们该有的享用土地的权利。

6.3 新郑市土地生态文明建设评价指标体系构建

土地生态文明是一个以土地可持续发展为核心内容的生态、经济、社会复合概念，既有生态文明和土地可持续利用的一般特征，又有其本身的特殊性，但土地生态文明研究同样离不开生态、经济和社会 3 个层面，这也是党的十八大关于

生态文明建设的总体要求。因此，粮食主产区土地生态文明指标体系构建应遵循
以下原则。

（1）综合性与代表性相结合原则。粮食主产区土地生态文明涉及的影响因素
繁多，指标体系的构建应立足于土地生态文明的科学内涵，既要全面分析又要避
免指标重复，既要综合反映土地生态文明全貌又要具有代表性。

（2）系统性与区域性相结合原则。指标体系应涵盖经济、社会和环境等各个
方面，在整体上对土地生态文明建设起指导作用，同时要适合区域特点。

（3）可操作性原则。所选的指标应简单明确，参数易于获取，数据易于统计，
可以量化和对比，体系的构建应与现行统计方法相衔接，确保指标的准确性。

（4）独立性原则。所选取的指标应相互独立，每个指标应分别解释不同的内
容而不能互指，以保证评价结果的科学性。

（5）实用性原则。各项指标要以区域内土地利用现状为基础，能够突出区域
发展特色，准确反映土地生态文明建设的发展程度。

（6）开放性原则。由于土地生态文明程度因时因地而存在较大差异，因此粮
食主产区土地生态文明建设指标无论是在内容还是度量权重等方面都要具有开放
性和包容性，能够综合反映土地生态文明的现状和发展方向，保持与时俱进。

基于粮食主产区土地生态文明科学内涵及以上原则，在生态文明和土地可持
续利用指标体系的基础上对本书的评价指标体系进行融合和创新，主要内容从土
地数量、土地质量、土地生态、土地利用制度 4 个层面进行构建，涉及 30 项具体
指标（表 6-2）。

（1）土地数量指标：指从土地资源数量变化角度分析土地利用方式的转变，全
面揭示土地利用结构基本特征和所存在的问题，探讨土地利用变化过程，从而
认识该区域土地资源的特点及优势和劣势，探讨合理的土地利用方式。具体从
耕地、林地和建设用地占总土地面积的比例来反映该地区土地高效配置和合理
利用程度。

（2）土地质量指标：指土地利用和生态保持的可持续能力，应体现自然因素
和人为因素对土地生态文明的影响，能反映土地可利用优势、土地保护程度等状
况。土壤条件指数、立地条件指数、土地整治状况和作物生长状况等指标可反映
土地质量状况。

（3）土地生态指标：指土地资源各要素及其相互关系的现状和发展趋势的反
映，与生态环境和土地可持续利用息息相关，是人类与自然关系得以改善和优化
的重要标志。主要从土地污染状况、城镇土地利用/覆被类型指数、土地退化指数、
生态压力指数等方面进行量化。

表 6-2　土地生态文明建设评价指标体系

准则层（权重）	指标层（权重）	元指标层/单位（权重）
土地数量（0.1）	土地数量结构特征（1.0）	耕地占总土地面积比例/%（0.5）
		林地占总土地面积比例/%（0.3）
		建设用地占总土地面积比例/%（0.2）
土地质量（0.3）	土壤条件指数（0.3）	有效土层厚度/cm（0.35）
		有机质含量/（g/kg）（0.3）
		土壤碳蓄积量/kg（0.35）
	立地条件指数（0.15）	坡度/（°）（0.6）
		高程/m（0.4）
	土地整治状况（0.15）	林网化比例/%（0.3）
		渠网密度/%（0.3）
		灌溉水保证率/%（0.4）
	作物生长状况（0.4）	归一化植被指数（0.3）
		作物产量/（kg/hm^2）（0.7）
土地生态（0.4）	土地污染状况（0.3）	硝态氮含量/（mg/kg）（0.25）
		铵态氮含量/（mg/kg）（0.2）
		重金属综合污染指数/%（0.55）
	城镇土地利用/覆被类型指数（0.2）	绿地比例/%（0.45）
		水面比例/%（0.2）
		非渗透地表比例/%（0.35）
	土地退化指数（0.3）	耕地年均退化率/%（0.4）
		林地年均退化率/%（0.3）
		水域年均退化率/%（0.3）
	生态压力指数（0.2）	人口密度/（人/km^2）（0.6）
		综合容积率/%（0.4）
土地利用制度（0.2）	土地利用强度（0.2）	复种指数/%（0.6）
		化肥使用量/（kg/hm^2）（0.4）
	农用地流转制度（0.2）	耕地流转率/%（1.0）
	基本农田保护制度（0.3）	基本农田保护率/%（1.0）
	生态文明教育（0.3）	土地生态文明宣传教育普及率/%（0.5）
		公众参与生态文明建设比例/%（0.5）

（4）土地利用制度指标：指人们在一定社会经济条件下，因土地利用而产生的所有土地关系的总称。主要从土地利用强度、农用地流转制度、基本农田保护制度和生态文明教育等方面进行考察。

6.4　新郑市土地生态文明建设水平测度分析

本书以新郑市域的土地资源为研究对象，从乡镇尺度对龙湖镇、孟庄镇、郭店镇等 12 个镇（乡、街道）的土地生态文明建设进行了测度分析。

6.4.1　土地数量测度分析

新郑市土地数量准则层分值图（图 6-1）表明，新郑市土地数量综合分值呈现四周高、中间低的变化趋势。其中，辛店镇（0.110）、龙王乡（0.930）和八千乡（0.900）土地数量综合分值较高，原因是 3 个乡镇耕地与林地所占比例较大；而新郑市区的综合分值较低（0.010）是由于建设用地占用市区土地面积的较大部分；龙湖镇、薛店镇、城关乡、梨河镇、和庄镇等乡镇综合分值介于 0.065~0.080，表明以上乡镇在保持适度的建设用地面积基础上，应进一步增加林地和耕地面积。

6.4.2　土地质量测度分析

图 6-2 为新郑市土地质量准则层分值图。图 6-2 表明，新郑市土地质量总体呈现自北向南和自西向东逐渐增强的变化趋势。其中，八千乡、梨河镇和城关乡的综合分值最高（0.10~0.11），原因在于 3 个乡镇土壤条件和立地条件较好，尤其是土地整理项目的实施使 3 个乡镇的水利工程得到了长足发展，沟渠密度、灌溉水保证率得到了大幅提高，从而提高了 NDVI 和农作物产量；其次是龙王乡、新村镇及和庄镇（综合分值为 0.06~0.10）；辛店镇综合分值最低，主要原因是该乡镇处于山地丘陵区、立地条件较差，下一步该乡镇应加强土地整理及土壤有机质提升等项目的实施；其余乡镇综合分值为 0.02~0.06。

6.4.3　土地生态测度分析

图 6-3 为新郑市土地生态准则层分值图。图 6-3 表明，新郑市土地生态总体表现为自西南向东北逐渐降低的变化趋势。其中薛店镇、梨河镇、辛店镇和观音寺镇综合分值最高（0.09~0.10），缘于两个乡镇保持着较低含量的硝态氮、铵态氮，减少了土壤面源污染，提高了绿地面积比例；其次为城关乡、和庄镇及八千乡（0.07~0.09）；再次为龙湖镇、郭店镇和新村镇（0.05~0.07）；而新郑市区、孟庄镇和龙王乡综合分值最低（0.01~0.05），主要原因在于土壤污染及生态压力指数较高。

图 6-1 新郑市土地数量准则层分值图

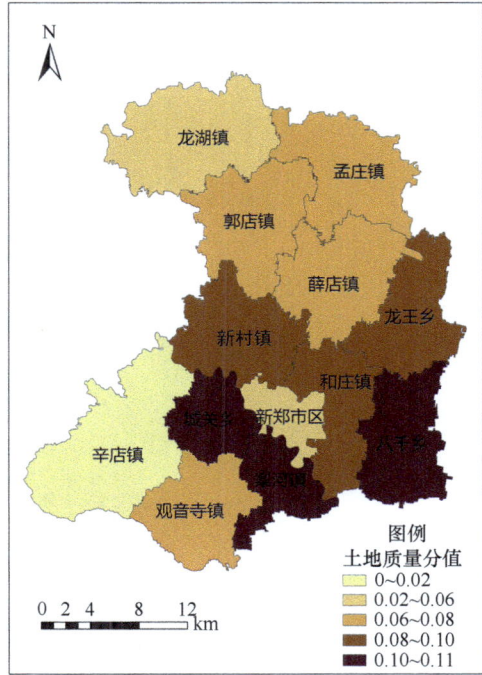

图 6-2 新郑市土地质量准则层分值图

6.4.4 土地利用制度测度分析

图 6-4 为新郑市土地利月制度准则层分值图。图 6-4 表明，梨河镇土地利用制度综合分值最高（0.12~0.15），主要得益于该镇较高的耕地流转率和基本农田保护率；其次为龙湖镇、新村镇、新郑市区（0.09~0.12）；再次为辛店镇、观音寺镇、薛店镇和龙王乡（0.05~0.09）；然后是孟庄镇、和庄镇、城关乡及郭店镇（0.04~0.06），而八千乡最低（0.01），可能是土地利用强度较高所致。

6.4.5 新郑市土地生态文明建设测度分析

图 6-5 为新郑市土地生态文明评估分值图（土地数量-质量-生态利用制度的综合图斑）。图 6-5 表明，新村镇、梨河镇和龙王乡为土地生态文明建设模范乡镇（土地生态文明综合分值为 0.040~0.048），原因在于 3 个乡镇土地数量、土地质量、土地生态及土地利用制度整体协调性较好；城关乡和新郑市区为土地生态文明建设先进乡镇（土地生态文明综合分值为 0.030~0.040）；龙湖镇、郭店镇、孟庄镇、观音寺镇、和庄镇和八千乡为土地生态文明建设良好乡镇（土地生态文明综合分

图 6-3 新郑市土地生态准则层分值图

图 6-4 新郑市土地利用制度分值图

图 6-5 新郑市土地生态文明评估分值图

值为 0.020~0.025）；辛店镇和薛店镇为土地生态文明建设普通乡镇（土地生态文明综合分值为 0~0.025）。其中辛店镇土地生态文明综合分值较低主要是由土地质量综合分值较低造成的。而薛店镇土地生态文明综合分值较低则是土地数量和土地质量综合分值都较低所致。

6.5 结论与建议

（1）基于生态文明的内涵，借鉴前人的研究成果，本章明确了粮食主产区土地生态文明的内涵，即在以粮食生产为主要功能的特定区域，对土地资源进行合理规划、开发、利用、保护，协调人地关系及人与资源环境的关系，以满足当代人与后代人生存发展的需要，实现以人与自然和谐统一为基础的文明建设。

（2）本章从土地数量、土地质量、土地生态和土地利用制度 4 个层面选取 30 项具体指标构建了中部粮食主产区土地生态文明建设指标体系，并以乡镇为尺度对新郑市土地生态文明进行了水平测度分析。研究表明，新村镇、梨河镇和龙王乡为土地生态文明建设模范乡镇，城关乡和新郑市区为土地生态文明建设先进乡镇，龙湖镇、郭店镇、孟庄镇、观音寺镇、和庄镇和八千乡为土地生态文明建设良好乡镇；辛店镇和薛店镇为土地生态文明建设普通乡镇。

（3）由于本书是基于中部粮食主产区构建的土地生态文明评价指标体系，所以该指标体系具有明显的区域性，在其他区域的适应度不高。建议其他不同生态类型区按照其地域特色和实际需求，在该指标体系基础上进行修改和完善，以适应其自身的土地生态文明建设的实际需求。

（4）依据评价结果，针对辛店镇和薛店镇土地生态文明建设综合指数较低的现状，建议如下：①加快辛店镇和薛店镇的中低产田改造工程建设，减少化肥、农药、地膜的使用量以减少污染，防止乡镇发展对农村环境的污染，因地制宜地建立绿色食品基地，促进农业产业结构的合理化，发展生态农业，实现农业生态系统的良性循环。②辛店镇和薛店镇应坚持走"控制总量、限制增量、盘活存量"的土地节约集约利用道路，提高其土地利用效率。③尽快建立辛店镇和薛店镇的土地生态安全预警系统，进行超前模拟和多方案演示，为生态失衡问题提供针对性的危机处理对策。

第7章　中部粮食主产区土地资源数量-质量-生态状况可持续利用对策

以新郑市为典型代表的中部粮食主产区目前存在着人口和耕地逆向发展、人地矛盾突出、农用地利用结构不合理、资源优势没有得到充分发挥、农村居民点用地严重超标、耕地后备资源不足、开发难度大等现实问题，针对经济社会快速发展背景下耕地质量提高和耕地可持续利用面临的严峻形势和存在的突出问题，以统筹提高耕地综合生产能力与保障发展为动力，以稳定农业基础、确保粮食安全为宗旨，提出如下中部粮食主产区土地资源可持续利用对策措施。

7.1　坚持最严格的耕地保护制度

7.1.1　严格落实耕地保护目标责任制

将耕地保护目标纳入政府领导任期目标考核的内容，签订责任书。按照省级规划要求，把省级土地利用总体规划确定的耕地保有量目标下达到各县、乡（镇），各乡镇要建立乡、村、组、户四级耕地保护责任体系，层层分解保护责任，明确乡镇政府行政一把手为耕地保护工作的第一责任人，把年终耕地面积作为考核的重要依据。

7.1.2　严格控制非农业建设用地占用耕地

按照不占或少占耕地，促进节约集约用地的原则，强化对城乡各类建设用地占用耕地的控制和引导，通过严格实施供地政策、制定项目用地控制指标、严格遵守市场准入条件等措施，从源头上减少非农业建设用地对耕地的占用。加强建设项目选址和用地合理性评价与论证，把减少耕地占用作为选址方案评选的重要因素，确实需占用耕地的应尽量占用等级较低的耕地。提高占用耕地的经济成本，逐步减少单位投资和单位产出占用耕地量。

7.1.3　多源头控制耕地流失

按照国家要求，规划期内不再安排生态退耕，禁止各乡镇擅自实施生态退耕；通过经济补偿机制和市场手段引导农业结构调整向有利于增加耕地的方向进行；加强耕地抗灾能力建设，减少自然灾害损毁耕地数量。

7.1.4　切实落实补充耕地任务

通过积极推进农用地和农村居民点整理、开展工矿废弃地复垦、适度开发宜耕后备土地资源等途径加大耕地的补充力度，切实落实补充耕地任务。执行对项目建设占用和补充耕地的质量评价制度，确保不因建设占用耕地而造成耕地质量下降。

7.2　强化基本农田保护和建设

7.2.1　落实基本农田保护目标

按照《河南省土地利用总体规划（2006—2020 年）》下达的基本农田保护指标，基本农田保护率在 87.99% 以上。根据各乡镇经济社会发展对耕地的需求和耕地质量状况，按照"保优不保劣"的原则分配落实基本农田保护任务，确保基本农田总量不减少，质量有提高。

7.2.2　加大基本农田质量监测及建设力度

定期开展基本农田质量普查与分等定级成果更新工作，及时对基本农田土壤地力和环境质量变化状况、发展趋势进行动态监测和评价。继续大力开展基本农田综合整治工作，加大中低产田改造力度，完善农田基础设施，进行测土配方施肥，提升基本农田地力等级和综合生产能力。

7.2.3　严格落实基本农田保护制度

加强涉及占用基本农田的建设用地审查，严禁城镇村建设占用基本农田。符合法定单独选址条件的国家和省重点建设项目因选址特殊，无法避让基本农田的，在用地预审和审查报批前，必须对选址方案、基本农田调整及补划方案等进行论证和听证。禁止占用基本农田进行绿色通道、绿化隔离带和防护林建设；禁止以农业结构调整为名，在基本农田内进行挖塘养鱼、畜禽养殖及其他破坏耕作层的生产经营活动；禁止临时工程用地和其他各种活动对基本农田耕作层造成永久性破坏。

7.3 分区治理不同类型耕地资源

根据新郑市为典型代表的耕地资源类型划分，中部粮食主产区耕地资源类型主要分为岗丘风砂土防风固沙区、丘陵防旱保肥区、平原粮油高产培肥区和低山丘陵区4种类型。针对4种类型，应结合其各自特点，采取针对性的治理措施。

7.3.1 岗丘风砂土防风固沙区治理

1. 因地制宜、全面规划、创新模式、整体推进

继续贯彻"因地制宜、全面规划、综合治理、因害设防"的原则；采取"五结合"的运作模式，即除害与兴利相结合，改造与利用相结合，生物工程与工程措施相结合，造林种草与保护巩固现有植被相结合的治沙模式进行运作。

2. 进一步完善水利设施，提高抗旱抗涝能力

该地区地势较低平，排涝不畅，土壤呈砂性，不易保水保肥，针对此障碍，充分利用现有水源，推广农田喷灌，强化水利设施，完善灌排系统，提高水利化程度和田园化水平，因地制宜地做好土地平整，建立沙区灌溉制度，及时整治各级排涝系统，彻底根除内涝问题。

3. 科学利用沙岗、沙丘资源，植树造林、发展林果树种

沙地植树造林、种植果树是防风固沙、培肥地力、提高土地回报率的根本措施。该地区内沙丘、沙岗分为两种类型：一种是土体下部有硬质岗的有底固定沙丘风砂土，以栽植本地名产"灰枣"树种为主，培育皮薄、肉厚、含糖量高的果品。该地区适宜种植枣树。另一种土壤类型为通体泡沙的沙岗、沙丘，以植树造林为主，发展生态林、用材林、种牧草，封播并进。也可以因地制宜地发展桃、梨、杏、苹果、葡萄等名、特、优、新果树，发展沙区林果经济。

4. 调整优化作物布局，开发高技术含量和高附加值农产品

该地区沙丘有花生和大枣间作、花生和泡桐间作的传统生产模式，为了进一步提高单位面积作物的产量，要大力推广优良品种和先进农业种植技术，以及改土深耕、增施农家肥和磷钾肥，改善土地的养分状况，保障花生稳产高产，增加农民收入和经济、生态效益。

5. 大力发展养殖业

充分利用自然资源，大力发展养殖业，广开肥源，增加有机肥料。该地区林木果树较多，花生种植面积较大，增施有机肥是改善沙丘土地物理性不良的有效措施，可以将树叶和花生的茎叶等农作物直接还田、过腹还田，增加土壤有机质，改善土壤结构和蓄水保水能力。沙土地通气性好，土温升高快，养分分解也较快，但保肥能力差，后期容易脱肥，因此应注意追加肥料，分期追肥。

7.3.2　丘陵防旱保肥区治理

1. 做好水土保持工作，对山、坡、沟、滩等进行综合治理

该地区地形为岗坡地，对于岗坡地大于 25° 的耕地要退耕还林，栽种果树，增加地面植被，减轻雨水冲刷，在缓坡地修建梯田，对于坡耕地要整修地边，遏制水土流失。

2. 增施有机肥料，加深土壤耕层

该地区土质松散，水土容易流失，应增施有机肥，加深耕层，横坡耕作，优化作物配置和种植方法，推广对坡耕地的有效改土措施，以提高耕地肥力和透水、蓄水能力。

3. 加强对水库和其相关水利设施的管理

进一步加强灌排设施建设，打井配套，扩大灌溉面积，建设旱涝保收稳产高产田。对于水源缺乏的岗坡地，要进行喷灌、滴灌。对于旱岗薄地，要精耕细作。保蓄雨水并适当预留晒旱地，推广一肥一麦耕作制，培肥地力。扩大谷子、豆类、春薯等耐旱作物的种植面积，做到秋雨春用保大秋，伏雨秋用保小麦，立足当地实际，走旱作农业可持续发展道路。

4. 规模发展林牧业，开辟肥源，提高土壤肥力

进一步扩大植树造林面积，间套绿肥，广开饲源，助推畜牧业发展，广积农家肥，创新施用技术，提高肥料质量，化肥施用要注意氮磷肥合理配比，优化土壤养分结构。

5. 发挥土地资源优势，发展区域果品产业

该地区土壤虽然瘠薄，但土壤含速效钾较丰富，达 106.37mg/kg 左右，钾肥对提高水果质量有很好的作用，尤其是在龙湖镇西部地区，可以适度规模发展大粒樱桃等果树，形成优势产业，增加农民经济收入。

7.3.3　平原粮油高产培肥区治理

1. 开展多种经营，调整农业内部结构

在抓好粮食生产的同时要积极开展多种经营，调整农业内部结构，转变经济增长方式，变单一经营为粮、油、菜、瓜、药"五业"多元经济发展。

2. 进一步完善水利设施建设

要进一步完善水利配套设施建设，依靠科技进步和技术创新，提高农田灌溉质量及园田化水平，在地少人多的乡镇要推广粮菜、粮油间作套种模式，并因地制宜地做好农田林网化的合理布局与高品位的建设。

3. 进一步推广秸秆还田，增施有机肥

做好秸秆还田和过腹还田工作，提高肥料质量，增施有机肥料，这是夺取高产的基础，提高土壤有机质的含量，调整氮肥用量，科学使用磷肥。

7.3.4　低山丘陵区治理

针对该生态类型区地表植被破坏严重、生态环境恶化、砂石裸露、植被稀疏、水土流失、土壤肥力下降、农业效益低下等问题，拟实施四项技术工程。

1. 实施水土保持工程

根据水土流失严重的实际，坚持把控制水土流失作为生态经济工程的主旋律，以治沟治坡为主攻方向，设立"三道防线"，层层拦蓄，控制水土流失。第一道防线为坡面防护工程，即山顶栽生态林戴帽，林缘与耕地接壤处开挖截流沟，控制坡水下山；第二道防线为田间工程，即按等距营造农田防护林，等高垄作修梯田，修渠以蓄水保墒；第三道防线为沟道工程，即沟头修水、沟底修谷坊、沟侧削坡插杨树和柳树及育林封沟，顺水修土，创新生态农业建设坡、水、田、林、路综合治理模式。

2. 实施植树造林工程

经资源调查和科学论证，拟大力构造以农防林为主的多林种、多树种、网带化、乔灌草相结合的人工调控体系。重点开发生物能源树种，以根深叶茂、高度耐瘠、抗逆力强、适应性广、含油率高的黄连木、中华文冠军两种能源树，使该地区成为林业生物能源生产加工基地，发展高技术含量和附加值的新兴产业以获得良好的经济社会效益。

3. 实施肥源增效工程，提高土壤养分还原率

充分发挥和利用山地空气清新、无污染源、土壤质地特殊等优势，采取生物工程、设施工程和农艺相结合的集成措施，利用荒坡、荒沟大力种植绿肥，实行异地掩青或间作饲草制度，发展肉牛、养鸭及特殊动物山野猪、山野兔、梅花鹿等养殖业，开发无公害绿色产品，广集肥源，提高土壤肥力，形成新的产业链，广开农民增收致富财源。

4. 实施山地蓄水保水工程

山区缺水是制约农业和农村经济发展的突出瓶颈，为从根本上解决缺水问题，经省、市水利部门实地勘测，查明该地区具有充足的水利资源有待开发，并制定出具体实施方案，拟重点进行现有水库提灌工作，以及建设集雨水窖、移水管道、高压线路。逐步、有计划地开展水利工程建设项目，水利工程设施建设将大幅增大农田灌溉面积，提高农业经济运行的质量和效益，从根本上促进山区发展思路的转变。

第8章 主要结论及创新点

8.1 主 要 结 论

（1）针对中部粮食主产区土地资源数量-质量-生态综合监测的难题，本书选取新郑市为中部粮食主产区的典型区域，按照典型性、代表性原则，设置标准样地野外观测区，周期性获取土地资源数量、质量和生态信息监测数据，建成了包含基础地理信息、土地利用、社会经济、观测数据等多种类型且具有一定时间序列的数据齐全、组织合理、方便应用的土地资源数量-质量-生态监测及应用数据库。已建成了中部粮食主产区土地资源野外观测实验平台（设在新郑市）、中部粮食主产区土地资源数据处理与分析平台（设在河南省国土资源调查规划院和河南理工大学）和中部粮食主产区土地资源信息服务与数据共享平台（设在河南省国土资源调查规划院）三大平台。促进了土地资源领域产、学、研、用的结合，锻炼和培养了基层土地科技队伍，为相关部门土地资源数量-质量-生态状况的并重管理提供重要技术支撑。

（2）按照指标可获取性、公认性、行业性和前沿性的原则，采用层次分析法、专家打分法等方法，构建了土地资源信息监测的 9 个主体内容（土地利用变化、土壤属性、作物长势、土壤污染和盐渍化、耕地利用集约度、农用地流转、耕地生态状况、基于地块的耕地质量调查和耕地退化监测），构建了包括目标层、指标层和元指标层的 3 个层次、35 个独立监测指标的指标体系。为粮食主产区耕地多功能定量评价提供了理论支撑。

（3）建立了集野外定位取样、矢量数据、专题数据、遥感影像数据融合提取于一体的多源耕地数量-质量-生态信息获取技术体系，研制了耕地基础信息获取、管理质量控制技术，减少野外调查工作量 30%以上，大幅提升了耕地信息获取效率。

（4）基于生态文明的内涵和借鉴前人的研究成果，本书从土地数量、土地质量、土地生态和土地利用制度 4 个层面选取 30 项具体指标构建了中原粮食主产区土地生态文明建设指标体系，并以乡镇为尺度对新郑市土地生态文明进行了水平测度分析。研究表明，新村镇、梨河镇和龙王乡为土地生态文明建设模范乡镇，城关乡和新郑市区为土地生态文明建设先进乡镇，龙湖镇、郭店镇、孟庄镇、观音寺镇、和庄镇和八千乡为土地生态文明建设良好乡镇；辛店镇和薛店镇为土地生态文明建设普通乡镇。

8.2 研究的科学性与创新性

1. 科学性

本书立足于满足实现中部粮食主产区土地资源数量-质量-生态并重管理的迫切需要，围绕"提高土地资源管护手段的信息化和科学化水平"的主题，通过中部粮食主产区野外科研基地建设，针对土地资源变化的规律、机制与效应等科学问题研究，基于全国土地基础数据库，结合卫星遥感、地面调查技术手段，以我国农用地分等、定级、估价为基础，开展有关土地资源数量-质量-生态综合监测及持续利月的关键监测技术研究。集成了中部粮食主产区耕地数量-质量-生态综合监测技术体系，实现了中部粮食主产区土地资源数量-质量-生态并重的综合信息化管理，为实现河南省委、省政府提出的"三化"协调发展战略提供了重要技术支撑，目前来看，本书研究主题不仅具有科学性，而且具有一定的创新性。

2. 创新性

尽管国内外在土地资源综合监测方面已开展了大量研究，取得了一定的进展，但目前更侧重于土地覆被变化监测方面的研究，尚未建立土地资源数量、质量与生态环境并重的快速实时调查监测体系；土地资源调查监测的全覆盖性、准确性、快速性和高时效性方面明显存在不足。缺乏实用性的外业调查监测移动平台和实时监测巡查作业系统，是制约目前土地资源综合监测能力提高的因素。

本书针对中部粮食主产区土地资源利用现状及存在的问题，基于全国土地基础数据库，结合卫星遥感、地面调查技术手段，以我国农用地分等、定级、估价为基础，开展中部粮食主产区土地资源数量-质量-生态综合监测及持续利用的关键技术研究。主要创新如下。

1）构建了中观尺度（县域及乡镇）及微观尺度（村及观测点）的耕地数量-质量-生态状况监测指标体系，研发了多源耕地数量-质量-生态信息获取技术体系

（1）按照指标可获取性、公认性、行业性和前沿性的原则，采用层次分析法、专家打分法等方法，构建了耕地信息监测的 9 个主体内容（耕地利用变化、土壤属性、作物长势、土壤污染和盐渍化、耕地利用集约度、农用地流转、耕地生态状况、基于地块的耕地质量调查和耕地退化监测），构建了包括目标层、指标层和

元指标层的 3 个层次、35 个独立监测指标的指标体系。为粮食主产区耕地多功能定量评价提供了理论支撑。

（2）针对中部粮食主产区中观和微观尺度耕地数量、质量、生态状况指标，融合卫星遥感、布点采样、实验测定、农户/野外调查、空间采样统计分析、定位观测等方法与技术手段，建立了土地资源数量-质量-生态信息监测关键技术体系：研发了土地利用和土地覆被混合分类方法和基于土地利用图斑控制的光谱匹配分类方法；研发了基于均质地域单元、面向知识库的土地数量变化监测和变化识别方法；研发了基于遥感影像与矢量数据一体化分析的土地利用/覆被类型信息提取、土地资源数量-质量-生态信息挖掘与同化技术。该技术体系的综合应用有效地减少了野外调查工作量，大幅提升了耕地信息获取效率。

2）提出了中部粮食主产区耕地数量-质量-生态综合监测数据库建库标准与技术流程

以基础地理信息数据、土地基础业务数据、样点观测数据、社会经济相关数据和其他部门相关数据等数据为基础，利用计算机、GIS、数据库等技术，提出了中部粮食主产区耕地数量-质量-生态综合监测数据库建库标准与技术流程，建设了新郑市土地资源综合监测数据库，实现了多目标、区域的土地数量-质量-生态变化信息管理与服务，有利于耕地数量-质量-生态数据的集中和高效管理，有利于数据的综合分析和应用，为土地资源管护和土地可持续利用提供了技术支撑。

3）基于生态文明视角，首次系统地从土地数量、土地质量、土地生态综合利用角度对中部粮食主产区典型区域的土地资源可持续利用进行了综合水平测度分析

依据已构建的中部粮食主产区土地数量-质量-生态状况指标体系，从生态文明视角，构建了土地利用制度指标体系，通过指标标准化处理、权重及模型确定，首次系统完成了新郑市中观尺度的土地生态文明建设水平测度分析。

8.3　研　究　展　望

本书建成了中部粮食主产区土地资源数量-质量-生态监测与持续利用野外科研基地，提出了中部粮食主产区中观、微观尺度的土地资源数量-质量-生态监测指标体系，融合、集成了中部粮食主产区（新郑市）土地资源数量-质量-生态综合监测技术，构建了具有一定时间序列的土地资源数量-质量-生态监测及应用数据库，但关于某些方面的研究还不足，有待进一步深入研究。

1）样点代表性需进一步补充完善

样本分析具有复杂性及周期性，本书设置的 3 个观测区、15 个观测点代表性

尚显不足，应进一步补充监测区和监测点。

2）应对社会经济调查数据与土地资源数量-质量-生态监测数据进一步加强匹配性研究

社会经济数据来源于样点问卷调查，而问卷调查的局限性使问卷调查数据和其他数据的匹配分析存在较大难度。应加强不同口径数据源的转换与交互技术研究，降低数据转换信息丢失率，强化系统信息管理功能，提高不同数据源的兼容性和共享性。

3）数据库收集的资料不够系统、完整

限于行业垄断及相关单位保密规定，数据收集方面存在较大难度，这导致数据库中的相关信息不够系统。应进一步发挥基地管理委员会的协调作用，继续收集或调查区域高分辨率遥感影像图、土地利用变更信息、土壤污染物指标信息等。

4）本书成果需要进一步深化和集成，并大面积推广

虽然本书取得了一系列研究成果，但需对研究成果进一步提升与集成，需要对成果进行大范围示范应用和推广，检验其科学性和实用性，使得本成果能更好地为产业部门服务，为经济社会发展服务。

第 9 章 综合效益与应用前景分析

9.1 综合效益分析

本书针对中部粮食主产区土地资源数量-质量-生态状况现状及存在的问题，通过技术集成、试验与示范，建立了依托中部粮食主产区土地资源野外观测实验平台（设在新郑市）、中部粮食主产区土地资源数据处理与分析平台（设在河南省国土资源调查规划院和河南理工大学）和中部粮食主产区土地资源信息服务与数据共享平台（设在河南省国土资源调查规划院）的中部粮食主产区土地资源综合监测野外基地。总体来看，明显地节约了项目区相应的生产成本，促进了村镇建设节约集约利用土地，有效增加了耕地面积，提高了耕地质量，有效地改善了示范区的生产、生活环境，目前已产生了显著的经济、社会和生态效益，预期效益更大。

1. 经济效益

通过耕地资源数量-质量-生态动态定位监测，显著提高用地集约水平和效率，能够使野外科研基地内土地资源监测效率与集约用地程度提高 10%~15%。通过耕地质量监测分析，耕地生产成本可降低 50 元/亩左右，粮食生产能力将提高 10%以上。

2. 社会效益

耕地数量-质量-生态协调发展将有效缓解中原经济区建设中建设用地需求和耕地保护的矛盾，可进一步提高耕地保护的积极性，及时掌握违法用地情况并及时予以查处，同时为土地利用协调管理提供决策支持，有效地提高了土地利用协调管理的科学化水平；为河南省率先走出一条不以牺牲农业和粮食、生态和环境为代价的"三化"协调发展之路提供技术支撑。

3. 环境效益

本研究实施后，城乡体系布局更加合理，城乡建设用地与耕地保护的矛盾得到缓解，耕地抵御自然灾害的能力及林草覆盖率将提高，人文和自然景观格局将得到改善，人居生态环境将更加美好，生态效益显著。

9.2　应用前景分析

　　本书集成的中部粮食主产区土地资源数量-质量-生态状况监测技术的推广应用前景将十分广阔。

　　本书成果面向全社会，最终为国土资源管理部门提供土地资源数量-质量-生态一体化监测与持续利用关键技术体系。相关成果既可用于土地资源利用动态监测、村镇建设、土地综合整治，又可用于高标准农田建设等实际工作中。同时可提高基层国土资源管理者管护基本农田的业务水平和效率，有助于地方政府统筹粮食安全与经济社会发展、生态环境保护的关系，提高政府的决策能力和水平。

　　本书建立的中部粮食主产区土地资源数量-质量-生态状况野外监测与持续利用科研基地，将以土地资源时空综合监测网络平台为支撑，通过其与土地利用重点实验室及相关土地资源管理机构的连网，实现土地资源数量-质量-生态监测与持续利用等关键技术的具体应用，并结合土地资源持续利用技术标准与行业规范，实现土地资源产、学、研、用相结合，这将极大地带动土地利用重点实验室、野外科研基地的建设与发展，提高我国土地资源建设与管理研究的科学化与现代化水平。

　　当前我国还没有基于土地综合整治角度发展的土地资源综合监测野外科研基地，也没有土地利用综合示范野外科研基地，从土地学科的角度，该研究目的开展将极大地促进土地科学长足发展，为土地科技原始创新提供基础条件。同时，可以通过培养青年业务骨干，促进地方土地科技队伍能力建设，推进土地科学技术集成与创新发展。

参 考 文 献

曹卫彬, 杨邦杰, 宋金鹏. 2004. 基于 Landsat TM 图像棉花面积提取中线状地物的扣除方法[J]. 农业工程学报, 20(2): 164-167.

陈百明, 张凤荣. 2011. 我国土地利用研究的发展态势与重点领域[J]. 地理研究, 30(1): 1-9.

陈基伟, 韩雪培. 2005. 高分辨率遥感影像建筑容积率提取方法研究[J]. 武汉大学学报(信息科学版), 30(7): 580-582.

陈良富, 高彦华, 李丽, 等. 2007. 基于 MODIS 晴空数据的森林日净第一性生产力估算[J]. 中国科学(D 辑: 地球科学), 37(11): 1515-1521.

陈学明. 2008. 生态文明论[M]. 重庆: 重庆出版社.

成金华, 陈军, 易杏花. 2013. 矿区生态文明评价指标体系研究[J]. 中国人口·资源与环境, 23(2): 1-10.

崔伟宏, 史文中, 李小娟. 2004. 基于特征的时空数据模型研究及在土地利用变化动态监测中的应用[J]. 测绘学报, (2): 138-145.

戴建旺, 徐建新, 何禾. 2002. 县(市)级土地利用数据库建设技术方法及成果应用[J]. 中国土地科学, 3: 46-48.

冯之浚. 2013. 生态文明和生态自觉[J]. 中国软科学, (2): 1-7.

郭玉玲. 2014. 生态文明指标体系的构建与评价——以北京市为例[D]. 北京: 首都经济贸易大学硕士学位论文.

韩雪培, 徐建刚, 付小毛. 2005. 基于高分辨率遥感影像的城市建筑容积率估算方法研究: 以上海市中心城区为例[J]. 遥感信息, (2): 24-28.

何春阳, 史培军, 陈晋, 等. 2001. 北京地区土地利用/覆盖变化研究[J]. 地理研究, (6): 36-44.

胡娟, 熊康宁, 谢湛明. 2009. 基于 GIS 技术的县级土地利用数据库建库及应用初探——以黄平县为例[J]. 贵州师范大学学报(自然科学版), 2: 30-33.

胡翔云, 张祖勋, 张剑清. 2002. 航空影像上线状地物的半自动提取[J]. 中国图象图形学报: A 辑, 7(2): 137-140.

惠凤鸣, 田庆久, 金震宇, 等. 2003. 植被指数与叶面积指数关系研究与定量化分析[J]. 遥感信息, 2: 10-13.

江东, 王乃斌, 杨小唤, 等. 2002. NDVI 曲线与农作物长势的时序互动规律[J]. 生态学报, 22(2): 247-252.

李锦业, 张磊, 吴炳芳, 等. 2007. 基于高分辨率遥感影像的城市建筑密度和容积率提取方法研究[J]. 遥感技术与应用, 22(3): 309-313.

李晓峰. 1990. 遥感图像中线状地物的多级识别方法[J]. 解放军测绘学院学报, 7(1): 69-74.

李晓琴, 孙丹峰, 张凤荣. 2003. 基于遥感的北京山区植被覆盖景观格局动态分析[J]. 山地学报, 21(3): 272-280.

李燕, 余旭初. 2002. 基于启发式图搜索的遥感影响道路半自动提取[J]. 测绘学院学报, 19(4):

268-271.

李永香, 李洪玉. 2004. 从高精度卫星影像中道路的半自动提取[J]. 湘南学院学报, 25(5): 75-77.

李志刚, 胡圣武. 2005. 关于削平分线法建立线状缓冲区算法的改进[J]. 测绘信息与工程, 30(5): 35-36.

廖明生, 江利明, 林珲, 等. 2007. 基于 CART 集成学习的城市不透水层百分比遥感估算[J]. 武汉大学学报(信息科学版), 32(12): 1099-1106.

廖曰文, 章燕妮. 2011. 生态文明的内涵及其现实意义[J]. 中国人口·资源与环境, 21(3): 377-380.

林爱红, 张建芬, 李东伟. 2011. 新郑市林业生态效益评价[J]. 安徽农学通报, 17(15): 166-167.

刘静玉, 钱乐祥, 苗长虹, 等. 2005. 基于 RS 与 GIS 技术的豫西山地典型区域 LCCC 动态监测研究[J]. 河南大学学报(自然科学版), 35(2): 46-51.

刘荣高, 刘纪远, 庄大方. 2004. 基于 MODIS 数据估算晴空陆地光合有效辐射[J]. 地理学报, 59(1): 64-73.

刘秀珍. 1993. 土地资源详查中面积量测精度与线状地物扣除的探讨[J]. 山西农业大学学报, 13(2): 174-176.

娄雪婷, 曾源, 吴炳方. 2011. 森林地上生物量遥感估测研究进展[J]. 国土资源遥感, (1): 1-8.

罗亚, 徐建华, 岳文泽. 2005. 基于遥感影像的植被指数研究方法述评[J]. 生态科学, 24 (1): 75-79.

马超飞, 马建文, 布和敖斯尔. 2001. USLE 模型中植被覆盖因子的遥感数据定量估算[J]. 水土保持通报, 21(4): 6-9.

马秀梅, 雷秀丽, 李希峰, 等. 2007. 基于数据挖掘技术的流域不透水面及变化信息提取[J]. 测绘通报, (12): 34-37.

蒙继华, 吴炳方, 李强子, 等. 2006. 全球农作物长势遥感监测系统的设计和实现[J]. 世界科技研究与发展, 28(3): 41-44.

潘瑜春, 钟耳顺, 刘巧芹. 2002. 土地资源数据库中线状地物面积扣除技术研究[J]. 资源科学, 24(6): 31-33.

秦永, 宋伟东. 2006. 利用地物相关性对线状地物自动连线方法的探讨. 测绘通报, 1: 51-53.

术洪磊, 毛赞猷. 1997. GIS 辅助下的基于知识的遥感影像分类方法研究——以土地覆盖/土地利用类型为例[J]. 测绘学报, (4): 328-336.

孙志英, 赵彦锋, 陈杰, 等. 2007. 面向对象分类在城市地表不可透水度提取中的应用[J]. 地理科学, 27(6): 837-842.

王立海, 邢艳秋. 2008. 基于人工神经网络的天然林生物量遥感估测[J]. 应用生态学报, 19(2): 261-266.

王新闯, 齐光, 于大炮, 等. 2011. 吉林省森林生态系统的碳储量、碳密度及其分布[J]. 应用生态学报, 22(8): 2013-2020.

吴炳方. 2004. 中国农情遥感速报系统[J]. 遥感学报, 8(6): 481-497.

吴健生, 刘建政, 黄秀兰, 等. 2012. 基于面向对象分类的土地整理区农田灌排系统自动化识别[J]. 农业工程学报, 28(8): 25-31.

吴信才. 2009. 空间数据库[M]. 北京: 科学出版社.

徐涵秋. 2008. 一种快速提取不透水面的遥感新型指数[J]. 武汉大学学报(信息科学版), 33(11):

1150-1153.

徐涵秋. 2009. 城市不透水面与相关城市生态要素关系的定量分析[J]. 生态学报, 29(5): 2456-2462.

徐天蜀, 张王菲, 岳彩荣. 2007. 基于 PCA 的森林生物量遥感信息模型研究[J]. 生态环境, 16(6): 1759-1762.

于德永, 王艳艳, 郝占庆. 2005. 吉林省露水河地区森林景观格局变化[J]. 资源科学, 27(4): 147-153.

袁钱梅, 李战军. 2009. 贵阳市白云区第二次土地调查数据库建设[J]. 城市勘测, 6: 24-28.

张超超. 2011. 县级土地利用规划数据库设计与实现[D]. 西安: 西北大学硕士学位论文.

张欢, 成金华, 陈军, 等. 2014. 中国省域生态文明建设差异分析[J]. 中国人口·资源与环境, 6: 22-29.

张黎丽. 2011. 西部地区生态文明建设指标体系的研究[D]. 浙江: 浙江大学硕士学位论文.

赵建林, 陈龙乾, 李龙, 等. 2011. 基于 MapGIS 的县乡土地利用总体规划数据库研究[J]. 中国农学通报, 27(17): 142-146.

朱华忠. 2006. 基于生态过程参数的中国森林遥感分类及碳密度变化格局[D]. 北京: 中国科学院地理科学与资源研究所博士学位论文.

Antwi E K, Krawczynski R, Wiegleb G. 2008. Detecting the effect of disturbance on habitat diversity and land cover change in a post-mining area using GIS[J]. Landscape and Urban Planning, 87(1): 22-32.

Arcieri F, Carnline C. 2005. The Italian Cadastral Information System: A real-life spatio-temporal DBMS[J]. Computer Science, 9: 287-301.

Asrar G, Fuchs M, Kanemas E T, et al. 1984. Estimating absorbed photosynthetic radiation and leaf area index from spectral reflectance in wheat[J]. Agronomic Journal, 76: 300-306.

Boyd D S, Foody G M, Ripple W J. 2002. Evaluation of approaches far forest cover estimation in the Pacific Northwest, USA, using remote sensing[J]. Applied Geography, 22: 375-392.

Calson T N, Arthur S T. 2000. The impact of land use land cover changes due to urbanization on surface microclimate and hydrology: A satellite perspective[J]. Global and Planetary Change, 25(1-2): 49-65.

Chen J M, Brown L, Cihlar J, et al. 1999. Validation of Canada-wide LAI/FPAR maps from satellite imagery. Presented at the Fourth International Airborne Remote Sensing Conference and Exhibition/21st Canadian Symposium on Remote Sensing[C]. Ottawa, Ontario, Canada, 6: 21-24.

Chen J M, Cihlar J. 1996. Retrieving leaf area index of boreal conifer forests using landsat TM images[J]. Remote Sensing of Environment, 55: 153-162.

Chen J M, Rich P M, Gower S T, et al. 1997. Leaf area index of boreal forest: Theory, techniques, and measurements[J]. Journal of Geophysical Research, 102(D24): 29429-29443.

Chen L, Gao Y, Yang L, et al. 2008. MODIS-derived daily PAR simulation from cloud-free images and its validation[J]. Solar Energy, 82(6): 528-534.

Chen X Y, Mend J H, Wu B F, et al. 2010. Monitoring corn FPAR based on HJ-1 CCD[J]. Transactions of the Chinese Society of Agricultural Engineering, 26(13): 241-245

Cheng F, Thiel K H. 1995. Delimiting the building height in a city from the shadow in panchromatic SPOT-Image-Part-Test of Forty Two Buildings[J]. Int. J. Remote Sensing, 16(3): 409-415.

Frouin R, Pinker R. 1995. Estimating photosynthetically active radiation(PAR) at the earth's surface from satellite observations[J]. Remote Sensing of Environment, 51(1): 98-107.

Goward S N, Huemmrich K F. 1992. Vegetation canopy PAR absorbance and the normalized difference vegetation index: An assessment using the SAIL model[J]. Remote Sensing of Environment, 39(2): 119-140.

Gower S T, Kucharik C J, Norman J M, et al. 1999. Direct and indirect estimation of Leaf Area Index, FAPAR and Net Primary Production of terrestrial ecosystems[J]. Remote Sensing of Environment, 70: 29-51.

Haber W. 2007. Energy, food, and land-The ecological traps of humankind[J]. Environmental Science and Pollution Research, 14(6): 359-365.

Hansen M C, DeFries R S, Townshend J R C, et al. 2002. Towards an operational MODIS continuous field of percent tree cover algorithm: Examples using AVHRR and mODIS Data[J]. Remote Sensing of Environment, 83: 303-319.

Hartl P H, Cheng F. 1995. Delimiting the buildings height is in a city from the shadow in panchromatic SPOT-Image-Part-Test of a Complete City[J]. Int. J. Remote Sensing, 16(15): 2829-2842.

Irvin R B, Jr Mckeown D M. 1989. Methods for exploiting the relationship between buildings and their shadows in aerial imagery[J]. IEEE Transactions on Systems, Man, and Cybernetics, 19(6): 1564-1575.

Ji M, Jensen J R. 1999. Effectiveness of subpixel analysis in detecting and quantifying urban imperviousness from Landsat Thematic Mapper imagery[J]. Geocarto International, 14(4): 31- 39.

Jin Y. 2008. Ecological civilization: from conception to practice in China[J]. Clean Technologies and Environmental Policy, 10(2): 111-112.

Joon H, Jeong H K. 2006. Temporal Land Information System(TLIS)for dynamically changing cadastral data[J]. Computer Science, 6: 1066-1073.

Lamb A D. 2000. Earth observation technology applied to mining-related environmental issues[J]. Bulletin and Transactions of the Institution of Mining and Metallurgy (Sect. A), 109(3): 153-157.

Mueller L, Schindler U, Mirschel W, et al. 2010. Assessing the productivity function of soils. A review [J]. Agronomy for Sustainable Development, 30(3): 601-614.

Mvneni R B, Ramakrishna R, Nemani R, et al. 1997. Estimation of global leaf area index and absorbed par using radiative transfer models[J]. IEEE Transactions on Geoscience and Remote Sensing, 35(6): 1380-1353.

Myneni R B, Hoffman S, Knyazikhin Y, et al. 2002. Global products of vegetation leaf area and fraction absorbed PAR from year one of MODIS data[J]. Remote Sensing of Environment, 83(1/2): 214-231.

Myneni R B, Nemani R R, Running S W. 1997. Estimation of global leaf area index and absorbed PAR using radiative transfer models[J]. IEEE Transactions on Geoscience and Remote Sensing, 35: 1380-1393.

Myneni R B, Williams D L. 1994. On the relationship between FAPAR and NDVI[J]. Remote Sensing of Environment, 49 (3): 200-211.

Pinker R T, Laszlo I. 1992. Global distribution of photosynthetically active radiation as observed from satellites[J]. Journal of Climate, 5(1): 56-65.

Potter C S, Randerson J T, Field C B, et al. 1993. Terrestrial ecosystem production: A process model based on globe satellite and surface data[J].Globe Biogeochemical Cycle, (7): 811-841.

Prakash A, Gupta R P. 1998. Land-use mapping and change detection in a coal mining area-a case study in the Jharia coalfield, India[J]. International Journal of Remote Sensing, 19(3): 391-410.

Privette J L, Myneni R B, Knyazikhin Y, et al. 2002. Early spatial and temporal validation of MODIS LAI product in the Southern Africa Kalahari[J]. Remote Sensing of Environment, 83: 232-243.

Pu R L, Gong P, Michishita R, et al. 2008. Spectral mixture analysis for mapping abundance of urban surface components from the Terra/ASTER data[J]. Remote Sensing of Environment, 112(3): 939-954.

Purevdopj T, Tateishi R Ishiyana T, et al. 1998. Relationships between percent vegetation cover and vegetation indices[J]. International Journal of Remote Sensing, 19(18): 3519-3535.

Sarker L R, Nichol J E. 2011. Improved forest biomass estimates using ALOS AVNIR-2 texture indices[J]. Remote Sensing Environment, 115: 968-977.

Sellers P J, Los S O, Tucker C J, et al. 1994. A global 1° by 1°NDVI data set for climate studies. Part2: The generation of global fields of terrestrial biophysical parameters from the NDVI[J]. InternationalJournal of Remote Sensing, 15(17): 3519-3545.

Sharma T, Kiran P V S, Singh T P, et al. 2001. Hydrologic response of a watershed to land use changes: a remote sensing and GIS approach[J]. International Journal of Remote Sensing, 22(11): 2095-2108.

Singh S, Raman K, Dwivedi R M, et al. 2008. An approach to compute Photosynthetically Active Radiation using IRS P4 OCM[J]. International Journal of Remote Sensing, 29(1-2): 211-220.

Tan K, Piao S L, Peng C H, et al. 2007. Satellite-based estimation of biomass carbon storages for northeast China's forests between 1982 and 1999[J]. Forest Ecology Management, 240: 114-121.

Tappan G G, Moore D G, Knausenberger W I. 1991. Monitoring grasshopper and Locust habitats in Sahelian Africa using GIS and remote sensing technology. International Journal of Remote Sensing, 5(1): 123-135.

Tian X, Su Z, Chen E, et al. 2012. Estimation of forest above-ground biomass using multi-parameter remote sensing data over a cold and arid area[J]. International Journal of Applied Earth OBS, 14: 160-168.

Tian Y H, Zhang Y, Knyazikhin Y, et al. 2000. Running S W. Prototyping of MOD1S LAI and FPAR algorithm with LASUR and LANDSAT data[J]. IEEE Transactions on Geoscience and Remote Sensing, 38(5): 2387-2401.

Turner D P, Cohen W B, Kennedy R E, et al. 1999. Relationship between leaf area index and Landsat TM spectral vegetation indices across three temperate zone sites[J]. Remote Sensing of Environment, 70: 52-68.

Van Laake P E, Sanchez-Azofeifa G A. 2005. Mapping PAR using MODIS atmosphere products[J]. Remote Sensing of Environment, 94(1): 554-563.

Weiland U, Kindler A, Banzhaf E, et al. 2011. Indicators for sustainable land use management in Santiago de Chile[J]. Ecological Indicators, 11(5): 1074-1083.

Wiegand C L, Ricbardson A J, Escobar D E, et al. 1991. Vegetation indices in crop assessments[J]. Remote Sensing of Environment, 35(2/3): 105-119.

Wu C S. 2004. Normalized spectral mixture analysis for monitoring urban composition using ETM+ imagery[J]. Remote Sensing of Environment, 93(4): 480- 492.